刘文玲 桑晶 ⊙著

企业绿色发展模式研究

基于典型企业案例

中国发展出版社
CHINA DEVELOPMENT PRESS

图书在版编目（CIP）数据

企业绿色发展模式研究：基于典型企业案例 / 刘文玲，桑晶著. —北京：中国发展出版社，2021.9

ISBN 978-7-5177-1154-4

Ⅰ. ①企… Ⅱ. ①刘… ②桑… Ⅲ. ①企业发展—绿色经济—研究—中国 Ⅳ. ①F279.23

中国版本图书馆CIP数据核字（2021）第021252号

书　　名：企业绿色发展模式研究——基于典型企业案例
著作责任者：刘文玲　桑　晶
出 版 发 行：中国发展出版社
联 系 地 址：北京经济技术开发区荣华中路22号亦城财富中心1号楼8层（100176）
标 准 书 号：ISBN 978-7-5177-1154-4
经　销　者：各地新华书店
印　刷　者：北京市密东印刷有限公司
开　　本：710mm × 1000mm　1/16
印　　张：13.5
字　　数：210千字
版　　次：2021年9月第1版
印　　次：2021年9月第1次印刷
定　　价：59.00元

联 系 电 话：（010）68990630　68990692
购 书 热 线：（010）68990682　68990686
网 络 订 购：http：//zgfzcbs. tmall. com
网 购 电 话：（010）88333349　68990639
本 社 网 址：http：//www.develpress. com
电 子 邮 件：150289754@qq.com

前　言

工业革命以来，世界经济飞速发展，人们生活水平不断提高；与此同时，由于资源的不合理开发和利用所造成的包括气候变化在内的多种环境和能源问题给人类带来了巨大的挑战。人类未来的发展方向不应是以破坏生态平衡和攫取资源的方式满足经济增长的需求，而应在与环境和谐相处的状态下寻求绿色可持续发展。在全球各国为此而采取的各种行动中，应对气候变化是当前最紧急、最受关注的话题之一。2016 年 11 月 4 日，《巴黎协定》正式生效，明确了到 21 世纪末全球要实现 2℃温控的目标，并为 1.5℃温控目标努力。《巴黎协定》要求各国按照所制定的国家自主贡献（NDC）进行碳减排，从而在全球范围内“自下而上”地应对气候变化，同时还要求包括中国在内的 180 余个缔约方自 2023 年起每五年重新评估和更新一次 NDC，在气候举措严格程度上“只进不退”，促使各国尽自己最大力量减缓气候变化。国际能源署（IEA）也指出，各国要在严格按照国家自主贡献开展行动和提高能效的基础上，进一步提升减排目标，加强气候行动和社会各界的参与，才能更好地应对气候变化这一人类共同的挑战。

中国作为一个正在快速发展的新兴经济体，如何平衡经济社会发展和应对气候变化备受全球关注。追求高质量、高效率增长是中国过去、现在以及未来相当长一段时间内努力的目标和方向。2012年中国共产党第十八次全国代表大会作出“大力推进生态文明建设”的战略决策；2015年，国务院发布《关于加快推进生态文明建设的意见》，同年10月，“增强生态文明建设”首次被写入国家五年规划。2018年3月通过的《中华人民共和国宪法修正案》中强调把“领导和管理经济工作和城乡建设、生态文明建设”作为国务院职责。2020年9月，中国在第七十五届联合国大会一般性辩论中提出，将提高国家自主贡献力度，采取更加有力的政策和措施，力争使二氧化碳排放于2030年前达到峰值，并努力争取2060年前实现碳中和。中国为了践行“参与者、贡献者、引领者”的纲领，一直活跃在气候行动和生态文明建设的国际舞台上。

企业作为经济和市场活动的重要主体，是经济增长的引擎；同时，其长期处于绿色发展和应对气候变化的前线，是推动低碳转型和气候行动的中坚力量。促进企业在绿色发展和应对气候变化的实践中发挥主观能动性，一方面有助于企业降低成本、增加效益，另一方面能够为国家应对气候变化贡献更大力量。过去的几十年，各国在促进企业绿色发展方面都采取了诸多措施，也涌现出许多具有代表性意义的企业，在绿色发展实践中发挥着引领作用。

从20世纪70年代开始，欧洲各国、美国、加拿大、澳大利亚、新西兰、日本、韩国等国家的企业陆续开展了节能或温室气体减排自愿协议，工业、商业、建筑业等部门的企业纷纷采取节能和温室气体减排措施，以达到企业在自愿协议中承诺的目标。1992年，联合国在里约热内卢举办地球峰会，首次提出以“清洁生产”的方式降低企业生产活动对环境的影响；200家全球领先企业在1995年组成了世界企业可持续发展委员会（WBCSD），并长期致力于推动全球企业在可持续发展、循环经济、应对气候变化和能源挑战等方面的工作。越来越多像可口可乐、苹果、沃尔玛这样的国际知名企业开始在企业活动中引入“绿色供应链”的概念，承担起企业的社会和环境、气候责任。

我国自20世纪90年代中期即引入“循环经济”概念，推动企业资源的高效和循环利用，提倡符合可持续发展理念的经济增长模式。“十一五”“十二五”“十三五”期间开展的“千家企业节能行动”“万家企业节能低碳行动”“重点用能单位‘百千万’行动”，以大型企业为抓手推进企业经济技术进步和提高生产效率，有效降低了单位GDP能耗和单位GDP二氧化碳排放。我国2016年发布了《工业绿色发展规划（2016—2020年）》，明确提出“到2020年建成千家绿色示范工厂”的目标，引导企业尤其是工业企业主动转型升级，积极开展绿色生产，从而带动行业和社会的可持续发展。

面对企业绿色发展的自身需要，在生态文明建设和国家节能减排政策的引导下，中国企业注重节能减排，坚持技术创新，探索绿色低碳发展，积极参与应对气候变化、建设生态文明作为企业的使命与责任，取得了显著的成效，积累了大量在节能减排、绿色发展方面的成功经验。为评选和表彰在减缓气候变化、节能减排和履行社会责任工作中做出突出贡献的企业，能源基金会[①]于2017年发起“气候领袖企业”（Climate Leader Plants，CLP）项目，旨在深入研究这些企业的先进经验，传播获奖企业的成功经验和最佳实践，帮助优秀企业得到广泛的社会认可，为中国企业的绿色发展提供具有号召力的最佳实践范例，吸引企业、行业乃至全社会借鉴成功经验，加速行业转型升级，促进全社会共同探索绿色发展模式，从而实现积极应对气候变化，推进中国生态文明建设，助力经济转型升级，实现绿色低碳发展的目标。

“气候领袖企业”项目自2018年开放申请以来，吸引了众多企业的关注和参与，这些企业涵盖传统工业企业、新型交通运输企业、综合性国有企业、公共服务型企业、跨国企业、节能环保低碳技术和产品服务企业等各个类型。参与“气候领袖企业”项目的企业不乏国内外屡获殊荣的知名企业和行业领袖，他们在运营管理方面具有远见卓识和非凡智慧，通过积极推动技术进步和不断改革创新，大幅度提高了能源利用效率和减少了碳排放；在企业内部大力倡导绿色低碳文化，使绿色低碳的理念在企业生根发芽；他们同时也是行业履行社会责任的先行者，是行业的领袖和榜样。

本书在“气候领袖企业”项目中遴选出部分具有典型性、代表性的企业案例，通过理论分析与案例研究相结合，探讨这些先进企业的绿色发展模式。“气候领袖企业”项目只针对企业在节能减排和绿色发展方面的工作进行评价。因此，本书重点关注企业在绿色发展方面的

① 能源基金会是在美国加利福尼亚州注册的专业性非营利公益慈善组织，于1999年开始在中国开展工作，致力于中国可持续能源发展。

探索和实践，侧重企业在节能减排等绿色转型实践中体现出的业务能力和在行业绿色发展中的先进做法，对企业财务状况不做探讨，也不涉及绿色转型与企业盈利相关讨论。所有案例企业数据截止到2020年6月，对于企业做法与成效的讨论仅限于该时间以前。

全书共分为四个章节：第一章“引言”，主要介绍本书的研究背景、分析框架与分析方法。第二章“相关文献研究”，对企业绿色发展行为及其驱动的相关研究进行综述，为企业绿色发展模式的分析搭建理论基础。第三章“企业绿色发展的主要模式”，基于“气候领袖企业”项目评选过程中在绿色发展模式上表现突出且具有代表性的典型企业案例，通过深入分析企业在绿色发展中具备的内外部条件、采取的绿色发展路径和行动以及取得的成效等内容，总结企业成功经验和做法，并通过跨案例分析提炼出企业的共性，为其他企业提供启示和参考。第四章“研究发现与建议”在前文案例分析和企业成功要素总结的基础上，从“企业如何进行绿色发展”和“社会如何引导企业自发开展绿色发展”两个方面提出建议，以期进一步传播中国“气候领袖企业”绿色发展的成功经验和最佳实践，带动更多企业积极参与中国经济绿色低碳转型，追求高质量、高效率增长，共建生态文明。

目　录

第一章

引　言

一、研究背景

改革开放以来，我国经济高速增长。从产业结构来看，第二、第三产业是经济增长的主要贡献来源，而企业在其中起到了至关重要的作用。2018年，我国第二、第三产业分别贡献GDP的40.7%和52.2%；截至2017年，第二、第三产业注册法人单位数达2033.8万，占全国法人单位总量的92%，这些企业贡献了全国73.9%的就业，是中国经济增长的主要引擎。我国经济的快速发展，使得各行业对资源的需求量不断加大。在粗放的经济发展中，企业尤其是资源型企业的生产经营成为污染物的主要来源之一，为环境治理带来巨大的挑战。为应对经济增长带来的能源和环境领域的巨大挑战，党的十九大报告明确提出我国要着力推进绿色发展，形成绿色发展方式和生活方式，建设美丽中国。绿色发展是一种在“最大限度减少自然资源消耗甚至不消耗”基础上提出的内涵更加丰富的发展模式，旨在将“绿色”融入经济发展、政治决策和社会建设，使各要素相互协调，从而实现生态、经济、社会效益三重目标（蒋南平，2013）。

在绿色发展的大背景下，企业亟须推动绿色转型，改变传统粗放型的发展方式。绿色发展在为企业绿色转型提出新的挑战的同时，也带来了新的机遇，国家绿色发展战略的提出和绿色消费潮流的兴起都促使企业的绿色责任范畴不断延伸和扩展，在经济转型过程中谋求更长远的发展。企业绿色发展需涵盖企业生产经营的全过程，不仅仅包括降低生产过程能源资源消耗，更包括企业与生态环境的协调统一，将“绿色”思想融入经营管理过程中，注重绿色品牌和文化建设、相关人员培训、开发绿色产品、降低绿色运营成本，最终达到企业经济效益与绿色发展的统一。

近年来，众多企业纷纷响应国家政策号召，开展了以资源再生利用为主的循环经济和以提高能效为核心的绿色生产等活动，绿色战略作为企业对政府环境规制的积极响应，成为学者及企业高度关注的领域。绿色生产、绿色消费、绿色管理和绿色企业文化等对应的经营管理行为越来越多地出现在人们的视野。然而，企业在经营活动中面临有限资金、技术等诸多挑战，如何平衡自身发展与环境、能源压力成为企业亟须解决的问题。长期以来，学术界关于能源环境问题的相关研究大多站在政府和社会的角度，例如研究能源、环境政策的有效性，仅对企业提出要求，很少站在企业角度研究企业在环境压力驱动下的自利性反应，对企业的实践研究较为缺乏。事实上，无论是污染控制还是能效和气候政策的制定，如果缺乏自下而上的思考，终将导致其不能很好地实施并发挥作用，增加政策实施和社会治理的成本。

企业是中国经济增长的引擎，也是推动经济和社会绿色转型的重要基础和中坚力量。在国家政策的引导下，中国企业克服种种挑战，注重节能减排，坚持技术创新，探索绿色低碳发展，将积极参与应对气候变化、建设生态文明作为企业的使命与责任，涌现出一批世界知名的优秀企业。这些企业在绿色制造和服务、提供节能减排服务、推动绿色供应链发展、履行社会责任等方面都做出了杰出的贡献，成为引领行业绿色低碳发展的先进表率。

二、研究意义

自20世纪70年代开始，发达国家率先感受到环境破坏带来的危害，而随后的能源危机、气候变化等问题对人类社会提出了空前的挑战。在此背景下，“绿色经济”的概念应运而生，生态经济、可持续发展经济和循环经济等共同催生了新时代的“绿色经济”。在我国，绿色发展是党的十八届五中全会提出的“五大发展理念”的重要组成部分，是关系我国发展全局的科学发展理念。企业作为经济发展的主体，践行绿色发展模式成为经济转型大背景下的必然选择。尤其是对于工业企业，作为能源消耗和污染排放的大户，迫切需要以绿色发展的理念，推动经济效益、社会效益和环境效益的共同改善，在新的发展环境下加快推动企业转型升级。2016年6月30日，工业和信息化部印发的

《工业绿色发展规划（2016—2020 年）》中也提出，加快推进工业绿色发展，是推进供给侧结构性改革、促进工业稳增长调结构的重要举措，有利于推进节能降耗、实现降本增效，有利于增加绿色产品和服务有效供给、补齐绿色发展短板。

然而，长期以来，学术界有关绿色发展、环境行为等相关研究多集中在政府和社会的角度探究环境政策的有效性，很少对企业主动抑或是被动的情境下，面对环境压力所做出的行为调整进行研究。尤其是，近年来随着环境政策的收紧，大批企业自发地进行了管理、技术甚至经营模式的创新，涌现出一大批在绿色转型方面走在前列的代表性企业，形成诸多先进经验和可借鉴的绿色发展模式。对这些典型企业案例及其发展模式进行研究，是探索先行示范、推动经济发展主体绿色转型的重要先导。

本书依托“气候领袖企业”项目申报企业库，遴选优秀企业，深入研究这些企业在绿色转型方面的先进做法，剖析其成功的关键要素和驱动力作用。从理论意义上讲，本研究是对企业环境行为理论的完善和发展。长期以来，环境经济学、环境社会学、制度经济学等理论和方法对我国社会主义市场经济体制下，经济增长与环境保护、环境治理中政府和市场的职能等论题进行了广泛的讨论，尤其为强化我国政府环境管理职能提供了理论支撑（李永波，2015）。随着环境问题全球化并进入广大公众视野，国内学者对环境问题的研究领域大大拓宽，尤其是市场、企业在环境治理过程中的职能逐渐被强化。例如，环境税收、排污收费、碳交易市场等手段在现实中的应用愈加广泛。本研究将为理解企业在环境治理中的作用提供理论支撑。从实践意义上讲，这些研究和分析可以为同行业的企业提供经验借鉴和参考；同时，为政府更有效地推动企业绿色转型决策提供科学的分析依据和支撑。通过这些先进实践范例的展示和传播，吸引企业、行业乃至全社会借鉴成功经验，加速行业转型升级，促进全社会共同探索绿色发展模式，助力经济转型升级，实现绿色低碳发展的目标。

三、企业绿色行为的分析框架

企业作为社会经济生活的主要参与者，在提供产品服务的过程中也对环境产生了影响。随着全球范围内对环境保护的重视，企业也逐渐关注自身绿色行为，以更好地适应时代发展。企业绿色行为包括许多方面，研究认为，这些行为是企业面对外部环境和能源压力，主动或被动采取的一系列战略调整、制度变革、生产改进等措施（周曙东，2012）。最初，由于社会整体环保和节能意识薄弱，政府通过强制政策监督企业的环保行为，而此时企业的绿色行为也更多地为迎合政府环境管制，因此，在很长一段时间内，企业的绿色行为被认为是政府规制和企业遵从的关系（孟庆峰等，2010），甚至是与政府动态博弈的结果（吴昊旻和王杰，2019）。但随着环境的持续恶化，社会公众的环保意识不断增强，企业在满足政府环保需求的同时还需要应对来自其他各方的压力。一方面，市场投资者会更倾向于投资绿色企业，消费者也会增加对绿色产品的偏好，这会迫使企业进行绿色生产；另一方面，企业所在社区也会通过投票、提案等方式对污染企业进行抗议，对企业环保行为施加影响（刘勇，2016；孟庆峰等，2010）。因此，来自政府、市场和社会公众的压力成为企业绿色行为的主要驱动因素。这些因素通过企业内部的相关因素驱动企业的绿色行为，但由于企业规模、财务状况、技术能力、领导者的环境意识、区位条件、所有制结构等内部因素不同，不同企业对其环境压力的感知不同，从而产生了不同的绿色行为（谢雄标等，2017）。因此，企业的绿色行为逐渐由被动转变为综合内外部环境和自身条件下的博弈抉择和主动反馈（孟庆峰等，2010）。而企业管理层面作为企业行为决策者，管理者本身的价值观、态度和能力也对企业的绿色行为产生重要影响（Papagiannakis & Lioukas，2012；管亚梅等，2019）。总体而言，在外部环境压力和内部环境因素相互作用下，企业采取不同的绿色行为应对日益增加的环境需求。

考虑外部环境压力和企业内部要素的共同作用，实际上也是企业面对外部压力时做出的一种自利性响应。本研究综合以上影响因素分析，结合压力—状态—响应模型构建分析框架。压力—状态—响应模型（Pressure-State-Response，PSR），是环境质量评价学科中生态系统健康评价子学科中常用的一种评价模型，最初是由加拿大统计学家David J. Rapport 和 Anthony Marcus Friend（1979）提出，后由经济合作与发展组织（OECD）和联合国环境规划署（UNEP）于20世纪八九十年代共同发展起来的用于研究环境问题的框架体系。PSR模型使用“原因—效应—响应”这一思维逻辑，体现了人类与环境之间的相互作用关系。人类通过各种活动从自然环境中获取其生存与发展所必需的资源，同时又向环境排放废弃物，从而改变了自然资源储量与环境质量，而自然和环境状态的变化又反过来影响人类的社会经济活动和福利，社会进而通过环境能源政策、经济政策和部门政策，以及通过意识和行为的变化而对这些变化做出反应。如此循环往复，构成了人类与所处环境之间的压力—状态—响应关系。

本书构建的分析框架如图1所示。企业绿色行为是我们研究的核心载体。企业面临的不同内外部环境造成了企业行为差异，而关键的驱动因素则千变万化。这些绿色行为，是企业在感知外部环境压力和内部要素驱动共同作用下的结果。外部环境压力既包括来自政府的法律法规、监管和相应财税政策，也受到市场上竞争格局和消费者偏好的影响，同时社会舆论、公众评价等也会对企业的发展选择造成压力。这些外部环境压力作用于企业内部要素，可能会驱动企业内部各要素的流动和变革，最终，企业本身的属性、管理者能力、自身实力和企业文化等都是决定企业践行绿色行为的关键影响因素。

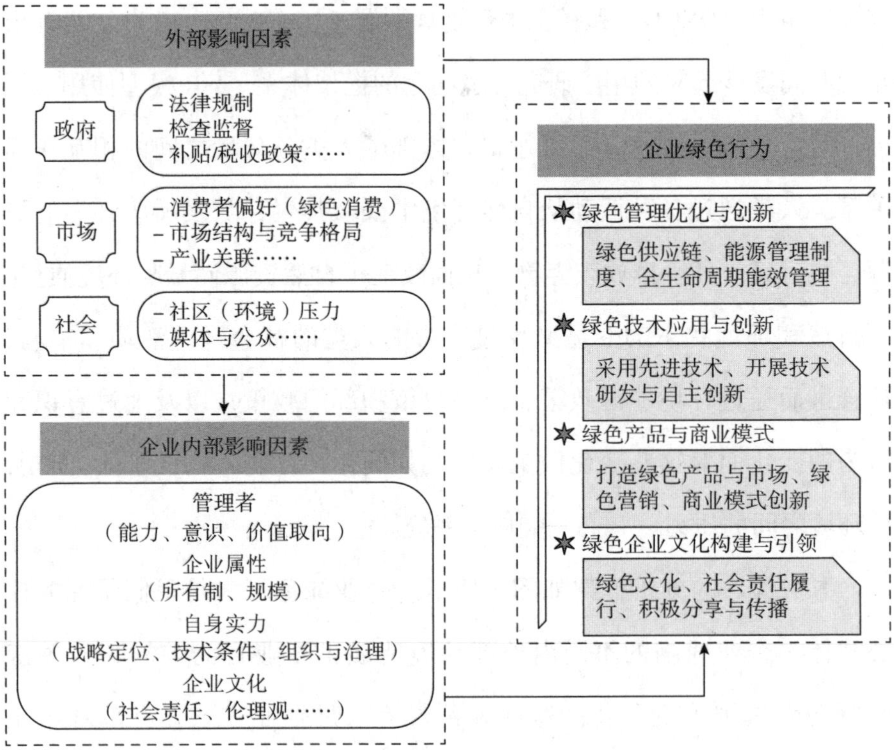

图 1　企业绿色行为的分析框架

企业会根据外部环境压力，结合自身内部条件，选择通过管理制度优化、工艺流程改进和技术改革等一种或多种方法从自身层面降低能耗，实现清洁生产。同时，除了企业自身的节能减排，通过商业模式创新和企业文化培育等方式，企业还可以向消费者、行业和社会传播绿色理念，树立绿色环保形象，引领行业乃至全社会共同绿色发展，这更是企业履行可持续发展责任的重要实践。归纳起来，企业往往针对管理、技术、商业模式和文化四个领域进行绿色转型的实践。因此，本书将企业绿色行为分为绿色管理、绿色技术、绿色商业模式和绿色企业文化四个大类。

四、本研究的主要分析方法

依托以上企业绿色行为分析框架，本书主要通过案例研究的方法，甄选绿色转型方面的先进企业案例，提炼其在绿色行为方面的主要做法和成效，剖析先进案例成功的关键要素并总结经验。

首先，结合现有的企业绿色行为主要模式，将企业绿色行为定义为绿色管理、绿色技术、绿色商业模式和绿色企业文化四个方面，具体研究过程如图 2 所示。本研究中选取的企业绿色发展案例主要依托“气候领袖企业”项目申报，遴选其中典型性先进案例。对每个案例展开分析，重点分析其发展历程和取得的主要成效，总结先进经验，归纳案例的发展特色以及在不同方面具有的示范性意义，最后进行跨案例的分析比较，总结这些案例企业绿色发展的典型模式，为其他企业提供经验启示，也为政府推动企业绿色发展和转型提供政策制定的借鉴。

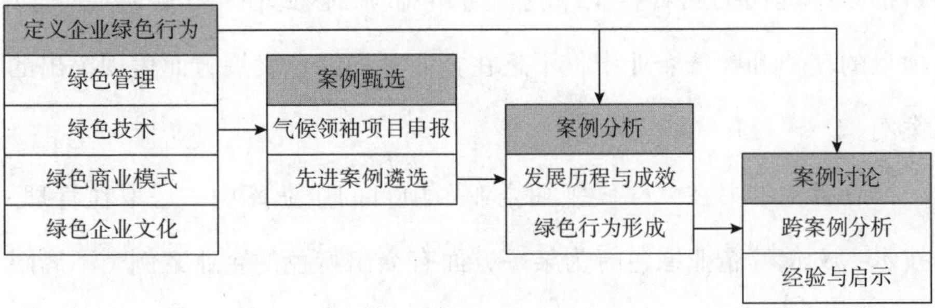

图 2　案例研究分析过程

其次，本报告遴选企业案例来自“气候领袖企业”项目的企业库，包括获奖企业和参选企业。“气候领袖企业”项目于2017年由能源基金会发起，企业自愿参与，旨在评选并表彰在减缓气候变化、开展节能减排实践、履行绿色发展社会责任等方面做出突出贡献的企业。项目依据定期更新的评选标准，参考候选企业的不同规模和影响力，每年分别评选出一批“气候领袖企业”和“气候先锋企业”。大部分参选企业通过向秘书处提交书面申请材料参与评选；对于部分在行业内有重要影响力、表现突出的企业，项目秘书处也会主动邀请其参选。“气候领袖企业”的评选主要过程包括：专家组对企业的书面申请文件进行评审和候选企业负责人向专家组陈述答辩两个关键环节。通过评审的企业经公示后可获得为期三年的“气候领袖企业”称号，其间项目会对获奖企业的绿色最佳实践进行整理和传播，从而形成示范和带动效应，推动企业乃至全社会共同节能减排，共建生态文明。

“气候领袖企业”的遴选有严格的评价标准，在量化评价企业能效提高和碳减排成果的基础上，企业绿色转型所涉及的管理优化、技术创新、社会责任履行、文化引领等内容都被赋予了相当的权重，与分析框架中提出的四类企业绿色行为相对应，因此在“气候领袖企业”项目的获奖和参选企业中，不乏在企业不同绿色发展方面表现突出的案例。

最后，本书在“气候领袖企业”项目的企业库中，选取在管理、技术、文化等企业绿色行为某一方面有突出特色的企业案例（不局限于获奖企业）进行分析。考虑到近年来“互联网+”、大数据等新兴业态迅速萌生的背景，本书将在绿色产品、市场和商业模式方面转型和创新的代表性企业也纳入其中。最终遴选出十二份优秀企业案例，依据企业转型特色和专注领域的不同，分别从绿色管理、绿色技术、绿色商业模式和绿色企业文化四个视角进行案例分析和总结：重点分析企业的发展历程中，绿色转型的主要做法和成效，结合内外部环境要素剖析企业绿色行为形成的主要驱动力；随后通过跨案例分析，比较和总结先进经验，为其他企业实施绿色行为提供经验启示；最后，基于案例分析的结果，为推动企业绿色发展提供有根据的政策建议，以供政策制定者参考。

第二章 相关文献研究

一、企业环境行为

（一）企业环境行为内涵

目前针对企业环境行为尚未有统一的称谓和明确的定义，现有文献中相继出现了“企业环境行为”（Corporate Environmental Behavior）、“企业亲环境行为”（Corporate Pro-Environmental Behavior）、“企业绿色行为”（Corporate Green Behavior）等概念。虽然这些概念在称谓上有所不同，但内涵基本一致，都强调企业主动参与生态环境治理、付诸行动来解决或防范生态环境恶化问题（孙岩等，2007）。

1. 企业环境行为

美国国家环保局（EPA）指出企业环境行为是规制机构或非规制机构采取的用来提高环境绩效或遵守环境法律法规的行为。《中华人民共和国国家标准——环境管理、环境表现评价指南》（GB/T 24031—2001）将环境表现（Environmental Performance）定义为：一个组织对其环境因素管理的结果，组织为具有自身职能和行政管理的公司、集团公司等，环境因素是指一个组织的活动、产品或服务中能与环境发生相互作用的要素，故企业环境行为可视为对其环境因素管理所产生的行为（李富贵，2007）。张炳（2007）指出企业环境行为是企业面对来自政府、公众、市场等方面的压力，而采取的宏观战略和制度变革，内部具体生产的调整等措施和手段，是环境政策效果的具体体现。企业环境行为就是企业接受外界环境压力，并将其转变为环境成本的信息，根据企业自身的特点，将一部分乃至全部认可为企业预算成本，做出相应的行为响应，使得原来由社会承担的环境外部负效应逐步为企业所认知并承担（潘霖，2011）。

2. 企业亲环境行为

企业亲环境行为是指尽量降低生态环境的负面影响甚至有益环境的行为（Kollmuss & Agyeman，2002）。武春友（2006）等认为，凡是能够提升生态治理或主动保护环境的行为均可以视为环境友好行为。既有研究多聚焦个人微观层面，Khashe（2015）等将个人参与绿色活动促进可持续发展的行为以及通过减少或消除对环境负面影响的做法称为亲环境行为，如随手关灯、回收废旧物资等（Reid et al.，2010）；也有学者聚焦企业员工的亲环境行为（Angela et al.，2017；Suganthi，2019）。

3. 企业绿色行为

企业绿色行为是指企业为响应环境问题而采取的各种措施，具体包括绿色管理（黄志斌，2004）、绿色会计（孙兴华，2002）、绿色人力资源管理（Amrutha et al.，2019），涉及从主要来源到最终客户的商品或服务流（Foo et al.，2018）、绿色采购、绿色制造、绿色包装、绿色营销和逆向物流（Gandhi et al.，2015；Chen et al.，2019）等环节的绿色供应链管理（Wang et al.，2020）、绿色商业模式（荆浩等，2012）、绿色创新（Tim et al.，2012）、环境企业文化（Eva et al.，2020）等内容。Daily（2009）等也把绿色行为拓展到企业员工范围，提出企业绿色行为应包含企业员工直接环境行为，通过教育和文化建设，使得企业员工的自发行为在没有激励约束下都是绿色环保行为，这样才能最终形成一贯的企业绿色行为。

（二）环境行为构成维度

既有研究主要从组织与环境的关系角度来划分企业环境行为的构成维度，根据组织是被动适应环境还是主动与环境互动，将企业环境行为视为被动行为—积极行为连续统一体（王宇露等，2012）。在这个连续统一体的一端，企业对环境规制以及来自利益相关方的压力做出被动反应，进行防御性的游说以及用于污染末端治理的投资（Aragon et al.，2003）；而在连续统一体的另一端，企业通过积极预测环境规制和社会发展趋势，并根据预测结果设计或者修正经营活动、生产流程或产品来防范负面的环境冲击（Russo et al.，1997；Sharma et al.，1998）。基于此，有学者提出了企业环境行为构成维度二分法。例如，Moon（2008）将企业环境行为分为积极环境行为和响应性环境行为；Tutore（2010）根据引起企业环境行为的动机差异，将环境行为分为自愿环境行为和强制性环境行为。也有学者对企业环境行为进行了更加详细的划分，提出了企业环境行为构成维度的三分法。例如，Liu（2009）对中国扬子江附近的企业进行问卷调查后，通过因子分析方法，将企业环境行为分为防御行为、预防行为以及积极行为三种。除此之外，还有学者根据外部性"影响"的性质和强度，把企业环境行为分为三类：不合理的环境行为、不自觉的保护环境行为以及自觉的保护环境行为（曹利军等，1995）。王远等（2000）把企业环境行为按指标分为企业污染行为、企业环境管理行为以及其他环境行为三类。徐易伟（2004）根据企业自愿环境保护情况以及对国家环境政策的执行情况，将企业环境行为分为企业自愿环境行为、企业环境组织行为、企业污染防治行为、企业环境法律行为四类。

（三）企业环境行为研究视角

1. 企业环境责任视角

企业环境行为概念的提出最早源自企业社会责任理论，其理论模型主要包括 Carroll 金字塔模型和 Wood 模型。从"社会需要企业做什么”的道德要求出发，Carroll（1979）首次提出了关于企业环境行为的金字塔模型，该模型以经济制度为基础，以法律责任和道德指引作塔身，塔尖是企业谨慎，从塔基至顶部说明了依次递减的重要性和演进的顺序，但各层级之间不是相互排斥或累进的关系。1991年他又将金字塔模型中的上端调整为慈善，其余均保持不变。这种金字塔结构使得各个变量和层级之间的交互关系无法显现出来，致使实证研究中对企业某一具体行为表现存在多种不同解释（王凤等，2012）。为建立企业行为和影响变量之间的清晰关联，Schwartz 和 Carroll（2003）在此基础上提出嵌套圆模型，指出经济、道德和法律三大类变量是主要的驱动因素，三者构成既相互独立又交互重叠的嵌套圆模型。

金字塔模型、嵌套圆模型均建立在“影响企业行为的驱动因素能够被准确识别”的严格假设条件之上，很难满足。基于此，Wood（1991）建议从产出的角度对企业的环境行为加以评价。以责任原则作为投入变量，以社会赞同为生产过程变量，以最终结果为产出变量提出了评价企业环境行为的三个维度，构建了 Wood 模型（王凤等，2012）。

2. 组织与管理理论视角

组织和管理角度的相关研究把“严格环境规制可以刺激企业环境创新”作为其先验前提，主要研究企业实施积极环境管理的影响因素，旨在通过改善这些因素组合促进企业实施积极环境管理并建立其竞争优势（李永波，2013）。学者们开始将研究视角转向企业内部，关注企业特征对企业环境行为的影响，主要从企业所属的行业（Theyel，2000）包括企业规模、企业领导者的承诺等在内的组织资源（Petra，2000）、物资设备（Russo et al.，1997）、财务状况、管理者的感知和理解、组织文化等方面来考察企业环境行为影响因素（王宇露等，2012）。

3. 动态视角

除静态视角外，学者进一步将企业环境行为的研究深化至动态领域，开始关注企业在不同时期的环境行为变化，并综合制度因素、经济因素、组织因素等来研究企业环境行为的演化机理（王宇露等，2012）。Aragón-Correa 和 Sharma（2003）提出企业“环境先动优势”的理论分析框架，认为企业特定资源和能力是企业实施绿色管理的主要前提，但企业实施积极环境行为的过程还同时受到诸如企业市场经营环境的复杂性、不确定性以及组织影响和决策反应的不确定性等许多权变因素的调节。曾萍（2013）等基于资源基础理论与演化理论视角，对相关文献进行分析与综合，在此基础上构建了一个环境变动、企业战略反应以及动态能力形成演化的理论模型，结果表明环境变动是促使动态能力形成演化的起点；环境的快速与动态变化促进了企业市场导向与创业导向的强化；市场导向与创业导向的强化，推动了企业组织学习过程；由市场导向、创业导向与组织学习过程所构成的企业战略反应，促进了动态能力的形成与演化。Schafer 和 Harvey（1998）从动态角度对美国水电行业企业环境行为的变迁过程进行了研究。其研究发现，企业对待环境责任的态度经历了成本最小化、成本效益相关和有效环境控制三个相互关联的阶段。Lee 和 Rhee（2006）从制度理论和资源基础观的视角，分别研究了制度变化和资源变化情境下企业环境战略的演化，对 85 家韩国造纸企业 2001—2004 年进行连续问卷调查后发现，韩国造纸业企业的环境战略经历了一个非线性的演化路径，社会的环境关注、经济危机等宏观层面的制度变化会推动企业采取积极的环境行为，但高管的态度和企业的冗余资源等企业层面的因素会影响企业的环境战略选择，因此，企业会采取不同类型的环境行为。在分析企业不同策略下成本和收益的基础上，运用演化博弈理论研究了环境监管过程中企业环境行为的演化动态，结果表明在动态惩罚机制下，企业环境行为选择与其守法成本、违法成本及政府的环境指标等密切相关，随惩罚机制变动而变动。

二、企业绿色发展行为与模式

（一）企业绿色发展行为

绿色发展是一个与社会、经济、自然环境密切相关的复杂适应系统。它受到生产、生活、政策和绿色发展理念的影响，其核心是人类和自然的生命共同体（Li et al.，2019；Sargentis et al.，2019）。绿色行为是一种环境友好行为，如清洁生产、节能行为、绿色消费、回收利用、生活垃圾处理等（Li et al., 2019）。绿色行为作为绿色发展研究领域的重要组成部分，受到广泛关注。我国对绿色行为的研究经历了早期关注消费者行为，再到绿色购买行为、绿色购买情感、企业绿色行为、绿色技术创新行为以及在绿色行为中的利益相关者角色的演变过程（Li et al., 2019）。Li（2019）聚焦工业企业，指出绿色发展行为至少有两个鲜明的特点：一是企业绿色发展行为属于绿色行为的研究范畴，是企业保护环境、有利于企业自身发展的行为；二是企业绿色发展行为与人们的衣食住行密切相关，涉及生产生活的方方面面。从生产的角度看，企业绿色发展行为体现在企业的清洁生产行为上；从供应链管理的角度看，企业绿色发展行为体现在企业绿色供应链管理的实践中。

（二）企业绿色发展模式

通过梳理文献，企业绿色发展模式主要体现在实施绿色管理、创新绿色技术、探索创新绿色商业模式、培育绿色企业文化四个方面。

1. 实施绿色管理

绿色管理是指企业把环境保护的观念融入企业经营活动，从企业经营的各个环节控制污染和节约能源的程度，以期实现经济、社会和环境保护等可持续发展的目标（胡美琴等，2007）。广义来说，它包括清洁生产、绿色产品研发、推行ISO14001标准、环境审核、主动参与社区活动等；狭义而言，它就是指企业生产流程中所涉及的设计、采购、制造、再循环等环节的环境友好性调整措施和手段，涵盖了绿色采购、绿色制造、逆向物流、副产品与废物交换等行为（Robert et al.，1996），是企业绿色发展模式之一。随着中国对ISO14001环境标准的接受程度越来越高，供应链管理在组织环境实践中发挥着越来越重要的作用（Zimon et al.，2019）。越来越多的公司引入了各种绿色实践来优化其供应链管理（Kouhizadeh，2018；Suryanto et al.，2018）。绿色供应链管理涉及从主要来源到最终客户的商品或服务流（Foo et al.，2018），绿色采购、绿色制造、绿色包装、绿色营销和逆向物流（Gandhi et al.，2015；Chen et al.，2019）等环节，被认为是平衡公司的经济、社会和环境问题并促进组织可持续性的关键方法（Luthra et al.，2016），是企业绿色管理重要组成部分。实施绿色供应链管理可以帮助企业解决全球环境问题，满足外部利益相关者的需求，从而改善企业绩效（Wang et al.，2020）。

2. 创新绿色技术

企业绿色创新是推动绿色发展的内生动力，通过构建绿色技术创新体系、全过程治理体系及微观创新体系，能够系统深入推进绿色化进程（廖小平等，2020）。企业绿色技术创新能力是国家绿色发展战略的微观基础，是由若干要素构成的综合能力系统（Li et al.，2017）。绿色技术本质上看是一种减少（或增加）人们在生产与消费过程中产生的由生态环境传递的外部非经济性（或经济性）的技术（吕燕和盛敏之，1996）。根据绿色技术对环境的不同作用过程，可将绿色技术分为三个层次：末端治理技术、清洁工艺、绿色产品（杨发明等，1998）。其中末端治理技术是在默认现有生产技术体系和废弃物生成的前提下，通过对废弃物进行分离、处置、处理和焚化等试图减少废弃物污染的技术；清洁工艺指采用先进的生产工艺和设备，实现废物的循环利用，提高原材料和能源的利用率及产品收率，减少污染；绿色产品是指设计与开发绿色化产品，实现消费过程本身对环境危害最少、同等产品效能下对资源的消耗最低（吴晓波和杨发明，1996）。王旭等（2014）从宏观和微观两个层面提出了绿色技术创新驱动绿色发展的途径和方法。在微观层面，企业绿色技术创新驱动绿色发展的基本途径是企业在生产方式上通过开发利用绿色技术，建造绿色企业，发展绿色生产等措施以实现企业绿色技术创新，在技术运用上，需要大力开发清洁生产技术和资源化技术，以推进企业绿色技术创新成果转化；在宏观层面，企业需要在宏观保障上，积极建构有利于企业绿色技术创新的社会舆论、政策制度和市场体系，以保障企业绿色技术驱动绿色发展的实施。

3. 探索创新绿色商业模式

面对日益严苛的环境要求，企业不得不重新审视自身商业模式，考虑在短期利润和长期可持续性之间的平衡，通过对商业模式的调整来适应市场需求（荆浩和宝建梅，2012）。随着绿色经营理念在企业界的广泛渗透，新型的企业经营理念强调将传统经营方式与保护环境的绿色理念相融合（汪涛和王铵，2014）。在此背景下，“绿色商业模式”应运而生。“绿色商业模式”主要是指在充分考虑环境效益的前提下，支持产品和服务发展，减少资源的使用和浪费，并且具有经济可行性（张静进等，2015），其核心是环境效益的实现。尽管绿色商业模式会体现为不同的形式，但却拥有共同的特征。采用绿色商业模式的企业可能会改变企业的核心商业战略，即以服务导向和可持续供应链管理推动企业在商业战略和运营管理层面转型，典型的例子包括从销售产品向销售服务转变，突出环境效益和可持续主题、突出服务化、突出创新性等方面（汪涛和王铵，2014）。作为企业绿色商业模式重要实践的绿色营销，同样在企业中受到追捧。绿色营销主要是指以产品的环境影响作为中心点的市场营销手段，这样的营销方式能很好建立企业与市场消费者的沟通纽带，向消费者介绍企业自身的绿色行为（Dangelico & Vocalelli，2017；毕思勇，2011）。

4. 培育绿色企业文化

开展绿色管理是企业适应绿色经济时代的必然选择，而绿色企业文化是绿色发展的重要内容。绿色企业文化既是绿色管理的重要内容，也是企业实施绿色管理的前提，是促进企业可持续成长的需要。绿色企业文化建设是企业适应低碳化国际环境的重要手段，是企业增强核心竞争力的必然要求，是企业履行社会责任的必然选择（李顺祥，2012），绿色企业文化与企业经营绩效间接关系明显（戴化勇和鲍升华，2010）。所谓绿色企业文化是企业信奉并付诸实践的以可持续发展为目标的，以企业与自然、社会和谐为原则的意识形态、价值观和共同遵守的行为规范，是企业在可持续发展的绿色经济下所秉持的价值观念（李冰，2009）。建设绿色企业文化要从精神层、制度层和物质层三个层面入手，其中精神层包括领导层观念意识的“绿”化，要坚持以职工为主体，发挥群众的首创精神；物质层包括环境信息公开、构建绿色企业形象识别系统（徐建中和邱尔卫，2006）。李顺祥（2012）指出企业构建绿色文化需要从企业领导倡导和员工响应共同创建绿色精神文化、实施低碳管理再造企业绿色制度文化、企业行动和员工行为共同践行绿色行为文化、绿色信息披露和视觉识别系统设计共同打造绿色物质文化四方面共同发力。

三、企业绿色发展的驱动

企业的绿色发展受内外部环境的引导和驱动，外部环境包括政府监管、政策引导、社会监督以及市场的需求；内部环境包括企业的经济利益、技术创新、环境意识、社会责任等。无论企业是出于强迫还是自愿，这些压力都迫使企业采取积极措施改善其环境管理，进行绿色发展。

(一)环境规制

当政府的环保法规出台之后，企业在应对经营活动对环境的负面影响时，往往会根据相关的法律法规做出适当的策略调整(Scott，1992)，企业就能更有效地利用资源，生产可回收、低污染、低能耗绿色产品，减轻对环境的影响(Bonifant et al.，1995)。面对环境变化，我国出台了一系列关于环境污染的防治和环境保护的法案，其中规定了企业在不同范围内应承担的环境保护责任。秦颖等(2008)在对生产型和资源型企业调研中发现有90%以上的企业认为严格的环境法规可以约束企业的非绿色行为，对解决环境问题很重要。环境规制是企业绿色管理的主要驱动因素(李卫宁和陈桂东，2010；郝祖涛等，2014)，影响了企业对绿色管理行为的选择，适当的外部制度环境能够促使企业采取更积极的绿色管理。环境规制包括强制性环境规章制度，引导和监管、激励机制。企业短期内实施绿色战略会造成“内部不经济”现象，但是面临环境规制压力时，生存所需的资源受限，逼迫企业选择主动保护环境的绿色发展道路，因此制度压力成为企业绿色发展的动力(杨东宁和周长辉，2004；胡美琴和李元旭，2008)。制度压力虽然属于外部动力，但只要把节约资源、保护环境的绿色理念转化为企业员工的共识，就能把制度压力转化为企业绿色发展的内生动力(涂自力和王朝全，2009)。

通过政府引导企业的绿色行为，可以提高企业绿色发展意识，并产生相应的社会责任感，确实推动企业的绿色发展(张东，2013)。企业被监督检查的次数越多或者受到过惩罚次数越多，会驱使企业提高自我环境管理（秦颖等，2008），这是由于过去环境违法产生的压力和规则权威性对企业自愿环境行为提供了更大的动力。除了政府的监管和引导，公众监督对企业的绿色发展同样重要。Thornton 等（2006）研究发现制度约束在企业的环境行为有所改观之后开始减弱，公众的压力反而可以促使一些企业的环境行为表现更为卓越。我国的环境保护法对公民参与制度进行了如下规定："一切单位和个人都有保护环境的义务，并有权对污染和破坏环境的单位和个人进行检举和控告"以及"国家鼓励有关单位、家庭和公众以适当的方式参与环境影响评价"。环境保护与公众的切身利益息息相关，而公众舆论的监督能够有效提高企业的环境保护意识，自觉接受公众的监督，鼓励和帮助企业履行环保责任（黄承梁，2012）。所以公众环境意识总体水平呈加速上升趋势，为社区利益而发声的公民监督行动对企业的绿色行为决策产生影响（郝祖涛等，2014）。

通过激励机制可以增强企业绿色发展的动力，企业绿色发展面临资金的不足，政府制定相应的激励机制可以支持企业的绿色发展（谢雄标等，2015）。激励机制包括经济刺激与奖励，经济刺激是对符合绿色发展原则的企业行为给予财政补贴或税收优惠等（王朝全，2006）。企业如果因为环境行为受到政府的优惠和补贴，会增加他们的环境趋向（秦颖等，2008）。目前，国家对资源节约与综合利用工作取得突出成绩的企业进行奖励，对节约与综合利用资源的重点工程进行支持，同时对节约与综合利用资源的企业依法进行资源补偿费减免。

（二）市场需求

随着经济的发展和社会的进步，人们追求生活质量的提高和生态环境的改善已经逐渐成为一种自发和自觉的行动。他们要求产品更优质、更安全、对环境污染更少，如果企业不重视其产品的环保作用，将遭受消费者抵制或排斥（Drobny，1994）。消费者压力能促使企业进行绿色管理，提升企业环境绩效（王朝全，2006；Graham & Woods，2006；李卫宁和陈桂东，2010）。Aroa 和 Gangopadhyay（1995）研究表明高收入消费者愿意把环境友好产品利益内在化，这样使得那些积极降低污染的企业愿意内在化其污染的不经济性，主动参与降低污染的活动。据一项民意调查显示，78.6% 的受访者具备绿色消费意愿，且其在网络调查中显示有 89.7% 的消费者具备社会责任导向的绿色消费意愿（郭斌，2014），甚至愿意溢价购买环境友好型产品，大量的市场需求使得企业愿意内在化其污染的不经济性，从而积极主动地走绿色发展道路（孟庆峰等，2010）。

较早注意到市场绿色消费需求的企业，或者率先采取绿色战略的企业更容易在资源获取、成本节约和市场份额上超越竞争对手，形成独有的核心绿色能力，占领市场制高点（郭斌，2014）。Stead 和 Stead（1995）发现西欧部分因环保表现出色而产生竞争优势的企业，就是依靠发展绿色产品来实现差异化竞争，吸引了重视环保的消费者，获取更大边际效率，最终达到成本的领先。

（三）经济利益

除了环境规制和市场需求这些外部因素影响企业主动改善环境外，实施环境管理带来的经济利益也是企业改善环境管理的质量和绿色发展的强大动力（Desrochers，2002；秦颖等，2008；郝祖涛等，2014）。陈劲等（2002）根据55家企业的经营数据发现环境绩效与经济绩效有较强的相关关系，环境绩效会对经济绩效产生更大的影响。在现代市场经济条件下，企业经营的主要目标是追求利润最大化，于是它们会根据成本收益核算的结果进行抉择，潜在的成本节约能对自愿环境行为产生刺激（Miceli & Segerson，1998）。企业可能面临提高效率和实现环境污染降低之间的平衡问题，资源共享和增加关键资源（即水、能源或特定原材料）的可用性带来的预期收益，让企业愿意响应政府提高资源使用效率、减少排放和消除浪费的要求。（王朝全，2006）。

（四）技术工艺

Magat（1978）认为绿色技术创新是解决环境问题的有效手段，能够促进生产从资源消耗型向环境友好型转变，降低声誉受损的风险，进而改善环境管理绩效（杨发明等，1997；Lee et al.，2014）。李杰义等（2019）使用367家制造企业的数据证明了环境技术创新能够有效改善企业环境绩效，是实现企业绿色转型的有效途径（陈劲等，

2002）。由于技术不完善会导致企业在资源开采、加工、使用过程中产生废气等污染物质，绿色技术把传统工艺改造成绿色工艺，通过创新环节和改善流程生产出绿色产品，减少资源的浪费和废弃物的产生，可以看出绿色技术是构筑绿色经济的基础，是绿色发展的技术依托（王旭等，2014）。但由于绿色技术创新“双重外部性”的存在，需要政府对绿色技术创新实施有效的激励来推动企业进行绿色技术创新（朱建峰等，2015）。Frondel 等（2007）通过对 4000 家企业的实证调查发现能源补贴的增加和税收的减少能够促进清洁生产技术绿色创新。

（五）环境意识

企业对环境问题的感知、认识和责任意识会直接影响其环境保护行为（贺爱忠等，2013）。企业环境意识可以表现为员工的环境意识以及员工对于环境属性的认识。员工良好的环境意识和环境认识有助于企业选择积极的环境战略并贯以执行（谢雄标等，2015）。正如 Andersson 和 Bateman（2000）所言，如果公司的变革符合员工的价值观，高层管理者更易于接受这种变革。但与普通员工相比，管理者的环境意识及其对环境属性认识对企业的环境战略的影响更为重要（李云雁，2010）。Downing 和 Kimball（1982）认为管理者对企业环境形象的关心会对企业环境行为产生正面影响，他们自身具有节能环保的责任心、有实现环境价值的意愿，会影响到企业的节能环保行为。

（David et al.，2008）。Robertson 和 Barling（2013）发现绿色变革型领导能够影响组织成员的绿色环保行为、创造力以及企业自身的绿色创新绩效。绿色变革型领导在提高企业采取绿色行为的积极主动性的同时，也能够让企业在日常经营过程中消耗最少的资源、给环境带来最低的污染来达到经济、社会和环保的效益最大化，从而提高企业的绿色创新绩效（管亚梅等，2019）。

（六）社会责任

环境问题是当前人类共同面对的问题，企业的环境行为成为衡量企业具不具备社会责任的标准，企业要永续经营，必须承担社会责任，企业通过走绿色发展道路，可以树立绿色形象，提高品牌的市场渗透力（郭斌，2014），所以企业的环境社会责任担当、财务绩效和声誉之间是一种相互促进、共同提高的关系（周曙东，2012）。企业对资源环境保护的责任意识会直接影响其对资源环境的情感，还会间接影响其资源节约行为和环境保护行为（贺爱忠等，2013）。当经济主体价值取向的变化而生成的绿色价值观转化为企业的责任感和使命感时，绿色发展就不再被企业视为外来负担，而被主动地融入日常的经营活动中，是最具稳定性和持久性的动力（涂自力和王朝全，2009）。企业社会责任在近年来已成为越来越多企业绿色行为决策日益突出的动力源泉（郝祖涛等，2014）。

四、企业绿色发展的实证研究

关于企业绿色发展的实证研究主要从前因和后果两个方面进行。前因包括企业绿色发展影响因素研究，后果包括对企业环境绩效以及对财务绩效的影响。

（一）企业绿色发展的前因研究

企业绿色发展的前因研究集中在影响因素以及机制方面。大部分学者将影响因素分为外部因素和内部因素。

对于外部影响因素，学者们多从外部利益相关者角度出发。外部利益相关者包括政府及其监管机构，供应商、竞争者、消费者、投资者等，社区、新闻媒体、环保非政府组织等不同主体。Cordano 等（2010）的研究结果表明在中小型企业中，利益相关者的态度会直接影响企业采取企业环境行为的程度。Liu（2009）利用中国长江三角洲 321 家企业的经营数据研究发现，政府管制的压力是企业环境防卫行为的最重要的因素，社会和非政府组织的压力是环保积极行为的最重要因素。而刘蓓蓓等（2009）发现政府虽然给企业造成了很高的环境压力，但并不是造成企业之间环境绩效差异的原因，而投资者、竞争者、消费者和社区居民等外部利益相关者对企业环境绩效的要求提高却有显著的正影响。Thornton 等（2003）对发达国家造纸企业过去 30 年的纵向数据分析也得到同样的结论，来自社会公众和非政府组织的压力更能促使企业自我环境规制，促使企业做出优于法律要求的环境行为。也就是说政府通过引入利益相关者参与企业环境治理，更能促进企业的自我环境管理行为。

此外，企业的内部利益相关者同时也是社会成员的组成部分，他们不可避免地受到环保意识、环保规范的引导，发挥了与外部利益相关者相似的作用。Lopez-Gamero 等（2010）对接受 IPPC（Integrated Pollution Prevention & Control）律师事务所监管的 208 家企业的数据进行分析，发现管理者的环保观念能够促进企业环保行为实施。我国学者路江涌等（2014）对我国 1268 家工业企业的实证研究表明，管理者认知显著影响企业自愿环境行为，并对政府压力和环境行为起中介作用。但 Hitchens 等（2003）通过对英国爱尔兰、德国和意大利三个国家的中小型制造企业四年的纵向数据研究发现，管理者的环境态度与其环境行为没有显著关系。不过，关于内部利益相关者对于企业环境行为的作用的研究尚不充分，还需要更多的关注。

除了利益相关者，企业属性也会对环境行为产生作用。Hussey 和 Eagan（2007）在研究制造企业环境行为时发现，与中小型企业相比，大型企业更能积极地采取环境行为。关劲峤等（2005）在对太湖流域印染企业的环境行为影响因素的分析中也得到中型企业的环保投入比小型企业更高的结论。除此之外，研究还发现非国有企业在环保投入水平上高于国有企业。刘燕娜等（2011）基于沪深100家上市公司的研究结果表明，所有制形式对企业的环境管理行为实施频数具有显著影响，其中国有控股企业的进行环境管理的频数大于非国有企业的实施频数。而李振华（2014）根据在中国沪深上市的161家重污染公司的数据得到上市公司控股股东性质对企业环境行为的影响不太显著的结论。

环境技术创新一直被当作有效治理企业环境问题的手段，它对环境行为的影响也备受学者关注。Lee和Min（2012）对日本制造企业的研究表明了绿色研发能够减少碳排放，提升企业的环境绩效。武春友和吴荻（2009）利用结构方程模型探究了在市场导向下企业绿色管理行为路径，发现技术创新能力显著影响企业绿色管理行为。Christman（2000）对88家化工企业的数据分析结果显示，技术创新作为企业绿色管理实践的互补性资产，是获得企业财务成本优势的前提。李江娜等（2019）基于中国2002—2012年投入产出表和收集的环境技术创新数据证明了环境技术创新会通过直接效应和间接效应减少环境污染，有效改善环境绩效。

（二）企业绿色发展的影响研究

早在20世纪70年代，人们就已经开始对企业环境行为与企业效益之间的关系进行研究。然而20世纪90年代中期以前，大部分研究是在理论和概念层面上进行的。随着研究的发展，出现了很多实证研究。然而目前对于两者之间的关系仍没有一个确切的定论。

Klassen 和 Mclaughlin（1996）对美国两大证券交易所的上市公司进行了事件研究，发现采取环保措施并受到奖励的企业的股价会有上涨表现，而发生过环境事故的企业有下跌趋势的股价表现，这说明采取了环境行为的企业会有更好的财务表现。Flammer（2013）也得到了同样的结论，积极响应环境保护并取得成功的企业在股市上有更好的表现。国内学者秦颖等（2004）利用大连地区金属制造业五家公司的经营数据对环境行为与绩效进行了研究和评价，发现企业行为与环境绩效之间存在着很强的正相关关系，其中提高资源有效性的行为对财务和环境绩效的贡献最为明显。苏鑫和王培欣（2015）的研究表明积极有效的环境管理可带来环境和财务绩效的共赢，环境绩效与财务绩效表现出显著的正相关关系，环境绩效的财务绩效边际效益是递减的。

随着研究的发展，学者以更加复杂的模型研究环境行为与绩效的关系。莫似影和张长江（2016）发现环境价值观对环境行为和环境绩效关系有调节作用，环境意识较强烈时，正向调节作用越明显，正确的环境价值观会促使良好的环境行为，进而带动环境绩效的提高。刘爱东等（2013）认为好的市场环境和效率驱动力是企业环境绩效对经济绩效存在显著影响的前提。龙昀光等（2018）采用全球制造业战略调查第六轮项目中中国企业的数据分析，发现企业内部环境管理对精益生产与可持续发展绩效的关系起到正向调节作用，这表明中国制造业在精益生产的基础上同时推进内部环境管理不会降低企业经济绩效。

陈劲（2002）分析了环境绩效与经济绩效关系，得出了环境绩效与经济绩效相互影响，并且“环境绩效对经济绩效的影响”较“经济绩效对环境绩效的影响”大的结论。

同时，也有学者认为环境行为与绩效之间没有关系甚至是负相关关系。Andreas 等（2007）检验了企业环境绩效与股价之间的关系，发现在特定行业中两者之间不存在显著相关关系。Henri（2010）采用污染物回收利用率作为企业环境绩效，结果表明，环境绩效变量和各财务指标之间没有相关性。Sarkis（2010）发现由于所投资的污染防治设备不一定能提高企业的经营业绩，因此环境绩效与财务绩效存在负面关系。Stanwick 和 Stanwick（1998）研究证明排污量与企业收益率之间存在显著正相关，而环境绩效与财务绩效之间是负相关关系。秦颖等（2004）运用联立方程模型对意大利、荷兰和我国某地区造纸行业的数据进行了实证研究，发现环境绩效与短期经济绩效之间是负相关关系。秦颖（2006）的研究结果表明企业环境因素对以会计指标衡量的短期利益影响不明显甚至是负影响，说明环境管理成本在短期内难以恢复，而以市值指标衡量的长期绩效却会随时间推移有上升趋势。杜连雄和张剑（2020）的研究也认为收益具有周期延迟性，所以企业通常在采取主动环境行为和创新技术一段时间之后，环境行为对企业的经济效益促进作用才会逐渐显现。

五、现有研究小结与评述

自20世纪70年代以来，企业环境行为就备受企业环境责任、组织与管理理论、动态理论等领域学者关注。现有研究主要是从组织与环境的关系角度来划分企业环境行为的维度不同的企业，然而不同类型的企业在不同环境问题下，面临不同程度的制度压力，进而采取了不同的环境行为。因此，有必要综合企业的内部特征、具体的环境问题以及参与意愿等多个维度来划分企业环境行为，构建分类体系。目前已有部分学者开始关注资源型企业、工业企业等不同类型企业在不同环境规制下展现的环境行为，但仍需进一步细化和发展。

在研究视角方面，已由20世纪70年代至21世纪初的静态、单一理论视角转为21世纪后动态、多种理论综合视角研究，综合组织因素、制度因素和经济因素来解释企业环境行为，聚焦企业不同时期的行为变化，动态演化过程。在企业绿色发展模式路径选择上，已有研究主要揭示了企业在绿色管理、绿色技术和绿色文化方面的探索和转型，不同类型的企业在绿色发展路径选择上呈现差异性，企业绿色发展的路径选择是企业外部环境和内部资源共同作用的结果。同时企业内外部环境共同作用引导和驱动企业绿色发展，其中外部环境包括政府监管、政策引导、社会监督以及市场的需求，内部环境包括企业的经济利益、技术创新、环境意识、社会责任等。不管企业是出于被强迫还是自愿，这些压力都迫使企业采取积极措施改善其环境管理，进行绿色发展。早期学者主要关注企业外部环境对企业绿色发展的驱动，但在后续研究中发现同一企业集团内，不同的工厂之间也会存在不同的环境行为。基于此，学者开始转向关注企业内部环境对企业绿色发展的驱动作用。在企业绿色发展实证研究方面，国内外学者主要从前因和后果两个角度展开，其中前因主要包括对影响因素的研究，后果包括环境绩效以及对财务绩效的影响。大量学者在理论、概念、实证层面探索了绿色发展行为对环境绩效以及财务绩效的影响，虽然有部分学者通过实证研究认为前者可以对后者产生积极影响，但也有学者质疑甚至得出相反结论，认为二者之间没有关系甚至是负关系，总之，目前对于两者之间的关系仍未有确切定论。

综合现有文献研究，本研究构建了综合的企业绿色行为分析框架。在发展模式上，我们从绿色管理优化与创新、绿色技术应用与创新、绿色产品与商业模式和绿色企业文化构建与引领四个角度提炼总结案例企业的发展特色和绿色转型模式。结合内部和外部影响因素，共同探讨企业绿色转型的关键驱动力。当然，每个企业都应该是独特的，走在时代前列的企业更是如此。某个环节的驱动有可能带来企业革新式的变化，我们期望通过分类型的模式总结和跨案例之间的比较分析，探究出企业最具特色的一面和关键的发力点，真正发挥其示范性作用。

第三章

企业绿色发展的主要模式

不同行业和企业在绿色实践中表现出差异化的特征，但同时这些做法本质上又有相似之处。以技术为核心的工业企业往往更加注重自身技术实力提升，而诞生于新时代背景下的企业更擅长利用“互联网+”和大数据为自身或他人创造绿色效益。无论是从管理制度入手还是通过文化理念融合，各个企业都在逐步探索适合自己的绿色发展路径，采取一种或多种方式逐步实现低能耗、低排放。基于所构建的企业绿色行为分析框架，本章主要从企业绿色管理、绿色技术应用与创新、商业模式创新和营造绿色企业文化四个方面分析企业绿色发展的典型模式。每个主题下都通过一个或多个不同行业的企业案例，展示企业在相应层面的先进做法，再通过各主题下跨企业、跨案例的综合分析，探索发现先进企业取得成效的共性特征，以期为其他企业提供经验借鉴。

一、管理先行，构建先进管理体系

由于生态环境问题日益严重，环境政策法律日趋严格，企业的生产经营被赋予了更高的要求，因此企业变被动为主动、实施科学管理就显得尤为重要。企业的科学管理，可以通过对包括原材料的生产过程进行管理，降低资源能源消耗，消除或减少污染物，提高运营效率，并通过回收再利用以及自我监管来提高能效、降低成本和减少污染，实现绿色生产过程（Potrich et al.，2019）。一方面，由于“绿水青山就是金山银山”已成为当代中国发展的共识，企业引入能源管理体系（EnMS），纳入环境管理理念的科学管理，可以将生产过程对环境影响降至最低，从而实现企业对社会的道德承诺，树立良好的企业形象（Dey et al.，2018；周曙东，2012）；另一方面，在资源节约利用，建设美丽中国的时代号召下，企业采用先进科学的管理方式，将有助于优化各类资源配置，高效管理资源和能源，最终实现自身的可持续发展（Ikram et al.，2019）。此外，企业的科学管理能为企业带来显著的业绩效益，而拥有科学管理的企业也更容易吸引高水平人才，更加容易实现企业内外部效益最大化，同时增强企业对不同市场环境的适应性，从而增加在同行业中的竞争力，实现企业的更好发展（Lee & Farzipoor Saen，2012；管亚梅等，2019；吴利华和陈瑜，2014）。

（一）绿色草原，让中国永远健康强壮——蒙牛乳业

作为资源消耗型企业，面对能源环境压力，蒙牛乳业（集团）股份有限公司（以下简称“蒙牛乳业”）变被动为主动，以科学管理为突破口，围绕ISO50001能源管理体系，建设能源管控系统，开展节能改造，开源节流，多能互补，打造乳制品行业的循环产业链。

蒙牛乳业企业概况

蒙牛乳业始建于1999年，总部位于内蒙古和林格尔县盛乐经济园区，以19年逾1600倍的销量增长速度，成为中国发展速度最快的乳品企业。2004年在香港上市（股票代码：HK2319），2014年成为入选恒生指数成分股的中国乳业第一股，连续10年位列全球乳业20强，并连续两年位列全球乳业第10位。截至2018年12月底，蒙牛乳制品的全年生产能力达975万吨，营业收入达689.77亿元，连续十年入选荷兰合作银行的“全球乳业20强”榜单，并连续两年位居全球前十，2019年，年收入达790亿元，2020年蒙

牛乳业位列全球乳业第8位。

为支持环境发展，蒙牛乳业率先于2009年成立了全国首个致力于草原建设和保护的基金——蒙牛生态草原基金，扶持上游良性发展，并积极推动构建以乳制品加工为核心，覆盖上下游企业的绿色循环经济产业链条，促进区域低碳经济发展。此外，蒙牛公司每年编制《企业年度可持续发展报告》，向消费者传播企业在节能减排、绿色低碳方面所做的工作和取得的成绩，以企业的社会责任带动行业的绿色发展。

1.做法与成效

随着中国居民生活水平提高，乳品行业成为最具有发展潜力的行业之一，近年来也迎来了高速发展的阶段。然而，快速发展的背后也隐藏着诸多问题。沿袭了我国长期以来粗放型发展特征的乳品加工行业，近年来养殖成本逐步攀升，企业竞争不断加剧，消费市场日趋饱和，土地资源、水资源日益匮乏，养殖生产过程造成环境污染，也影响着人类生存和发展的环境基础；加之政府对环境保护和节能减排的高度重视，21世纪以来出台了大量法律法规对包括乳品企业在内的各行各业进行规范，例如，不少符合重点用能单位条件的乳品工厂，需要定期接受政府主管部门的节能监察。这些问题对乳品行业提出挑战，要求其进行可持续发展。

同时，乳品企业对其产地的生态环境有着特殊的基本要求，既要关注农场动物的福利保护，更要关注人与自然的和谐共生；既要求产地区域没有直接污染源，生态环境因子符合绿色食品标准，又要确保该区域在今后生产过程中环境质量不下降。因此，乳品行业的发展不仅仅需要考虑产品本身，更需要考虑生产与环境的和谐共处。在三聚氰胺事件、转基因食品、疯牛病等食品安全事件给消费者带来不断不安后，以原有的“草原牛乳无污染”为代表的绿色食品概念已不能消除这种不安心情，必须代之以在清洁、放心概念基础上的绿色产品新概念或以清洁产品的概念升华，才能赋予行业新的市场制高点。

除了政策和市场大环境的压力，蒙牛乳业自身的发展也面对非常大的转型压力。蒙牛乳业年能源消耗总量约 25 万吨标煤，年能源成本达 7.7 亿元，水资源消耗总量 2700 万吨，而其所在的内蒙古却是一个典型的缺水地区。

面对这些内外部压力，蒙牛乳业在生产中坚持“把质量作为核心价值观，把创新作为核心竞争力，把国际标准作为新常态”，提升全员降本增效意识，完善水资源循环利用体系建设，实施基于多能互补的综合能源利用战略，扩大清洁能源利用比例，积极开展国际化、多维度的对标管理。通过上述先进管理方法和措施，近三年间，蒙牛实现年均节能量 5000 吨标煤，年均减排二氧化碳（CO_2）6479.26 吨，年均节水量超过 100 万吨（含社会节水），集团单位产品综合能耗年均下降率约 1.1%，单位产品新鲜水耗年平均下降率约 2.0%，属于国内最先进水平；其核心产品液态奶的单位产品综合能耗、新鲜水耗居于世界最先进行列。蒙牛乳业也在 2017 年获得工信部“第一批绿色制造体系示范企业”荣誉称号[①]。

从源头做起，保护地球，保护草原，蒙牛乳业从生态育林、育草，到污水处理，再到餐桌，围绕管理模块，完善制度标准、考核评价、统计监测等内容与工作，建立全方位的绿色管理制度，运用高效管理方式，构建出绿色生态产业链，用绿色产品造福社会。

全方位建立企业绿色发展管理体系

用最低能耗、水耗生产最高质的产品，不仅需要先进的生产工艺，更需要引入科学、精准的管理制度和体系。围绕组织建设、目标实现、技术改进、制度完善等关键内容，蒙牛乳业全方位构建了企业绿色发展管理体系，真正做到了凡事有目标指引、凡事有人负责、凡事有章可循、凡事有据可查、凡事有人监督，实现了企业内部的高效管理。

作为资源消耗型企业，蒙牛坚持绿色发展战略，坚持可持续发展理念，多年来一直致力于建立健全能源管理体系。一方面采用先进的管理方式，围绕 ISO50001 能源管理体系和能源管理信息系统，从规划设计、支持保障、评估验证、持续改进四个维度打造增值型节能环保管理体系。另一方面，从“牧场”到“奶杯”构建绿色产业链，坚持高标准动物福祉，推进全过程的清洁化生产，完善水资源循环利用体

① 为深入实施绿色制造工程，加快构建绿色制造体系，率先打造一批绿色制造先进典型，按照《工业和信息化部办公厅关于开展绿色制造体系建设的通知》（工信厅节函〔2016〕586号），工信部确定了2017年第一批绿色制造示范名单，其中，绿色工厂201家，绿色设计产品193种，绿色园区24家，绿色供应链管理示范企业15家。

系，带动多区域低碳发展。

为构建先进的能源管理体系，在组织结构方面，蒙牛乳业对企业内部管理模式进行创新改革。成立专门的能源管理部门——节能减排委员会，并采取“集团—事业部—工厂”的“金字塔式”管理架构来确保其节能战略落地。同时，在制度方面，以“诚信守法、绿色运营、提质增效、低碳发展”为能源管理方针，制定了编制 1 个管理手册和 9 个程序文件，对各生产环节设置碳排放及耗能目标，从设计、采购、安装验收和经济运行等方面，实现能源管理的全过程管控。以相关法律法规为依据，系统开展了法律法规识别及合规性评价，对耗能产品和项目进行评估梳理，规避了法律法规风险。

宏伟目标需要具体行动的支撑，蒙牛采用先进的目标责任制管理模式，将目标分解为单位水耗、单位能耗和万元产值综合能耗三个方面，通过制定三个指标的同比下降率目标，循序渐进实现总体节能目标。如图 3 所示，企业集团在年初制定出包括不可逾越的红线、可进行量化的结果指标以及不触及红线且实现结果指标的过程指标三重节能目标后，与各系统签订能源责任状，制定考核方案，各事业部又将目标分解，层层划分，定期考核追踪落实，并设立月、季、年三种跨度的奖励评优机制进行员工激励。2019 年，颁发奖金总计达 58.7 万元，表彰人数共 960 余名，覆盖集团、事业部、工厂等各层级能源管理人员。

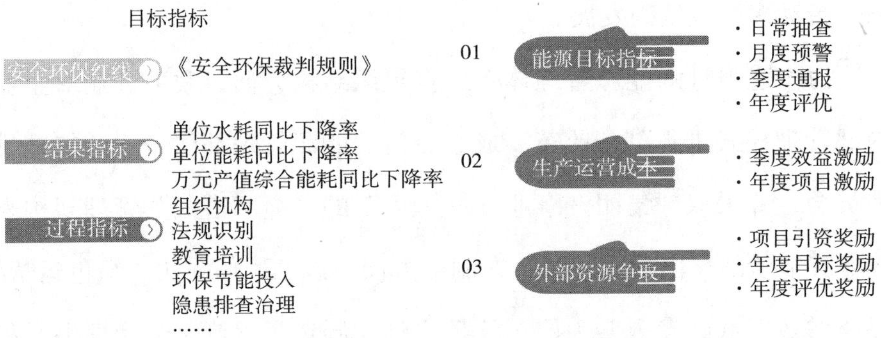

图 3　蒙牛的三重节能目标与追踪考核机制

同时，蒙牛将《中粮集团质量安全评估标准》《ISO14001 环境管理体系》《万家企业目标考核评分标准》等标准进行了有效整合，形成具有特色的节能减排绩效评估检索标准，并结合具体省市乳品能耗定额的标准，在公司内部组织开展自查、互查和监督检查工作。

在运用管理体系推动技术节能方面，蒙牛建立了节能技术推广长效机制。完善节能节水技术库，扩大清洁能源的互补应用，采用集团储备一批、试点一批、推广一批，集团自上而下、工厂自下而上推广的方式进行推广。同时，在技术改进过程中，对成熟稳定技术采用工程投资模式，对效果未知的新技术采用合同能源模式，由第三方厂家进行项目建设，并在效果稳定后改为工程投资。二者相结合的改进方式，既降低了企业的投资风险，推动了节能技术的广泛应用，同时也提高了设备利用率。通过这一改进，节约固定资产投资 6000 余万元，实现二氧化碳减排 8000 余吨。

信息化管理，开展“互联网 +”行动计划

“互联网 +”技术用于节能减排，为能源管理提供了更为便捷的监测工具。蒙牛在环保方面采用了先进的信息化管理，建立了一套节能减排信息管理平台，实现了节能减排基础信息平台、监测报表平台、标杆管理平台和技术案例平台四大管理功能，在集团内部形成了分散式管理、集中化监控的管理模式。

蒙牛乳业于 2013 年启动了污水在线监测系统，成为当时首个同类企业内部实现所有生产厂进行联网监控的工厂，通过移动终端的信息收集等方式可以使企业管理者第一时间获得企业环保运行信息。而基于“互联网 +”的国内首个“能源管理中心项目”，通过实时远程监控、数据采集分析，实现环保能源数据的可视化、自动化、信息化，最终实现了产排优化，节能潜力激发，能源利用率提高，最大限度地降低了生产成本。

全链条管理，打造绿色循环经济产业链

绿色生态链是为消费者提供绿色优质牛奶的最重要保障，也是实现循环经济的重要环节。为此，蒙牛乳业形成了以乳制品加工厂为核心，覆盖上下游企业及政府部门的绿色产业链条，并带动了整个区域的低碳经济发展。

牧草种植企业为牧场提供优良的牧草，牧场为乳制品加工供应优质奶源，而牧场所产生的粪污则排至沼气发电企业进行发酵后发电，并入地方电网，剩余的沼渣加工后变为高效的有机肥料供应牧草种植企业；乳制品加工过程中生产的废水进入污水处理厂处理，处理达标的中水除部分排放外，其余均进行回收利用，用于厂区绿化、牧场牛舍冲洗、牧草浇灌；除此之外，蒙牛乳业还与周边电厂达成协议，将中水回用作为电厂的生产主水源，主动与地方市政环卫部门联系，免费将中水提供市政环卫部门用于道路喷洒，降低扬尘。整个模式形成了一个“资源—废弃物—资源”利用的闭环，有力地推动了蒙牛的生态建设（见图4）。

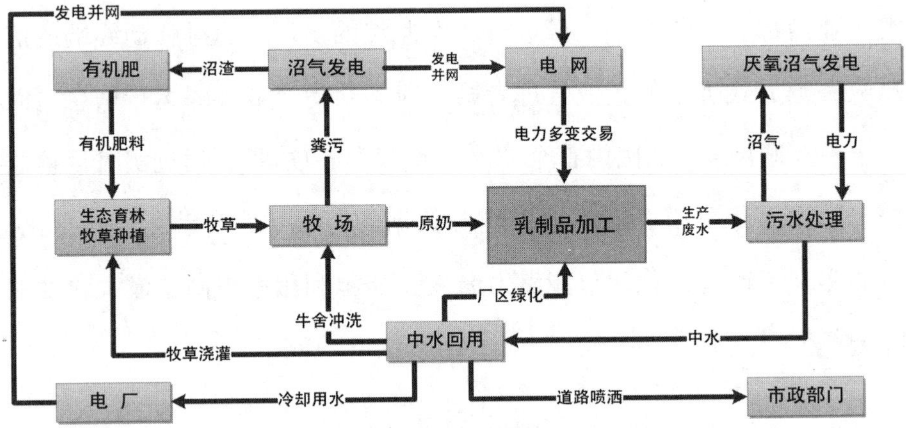

图4 蒙牛乳业循环产业链

抓住痛点，创新节水策略

作为水资源消耗大户，节约用水是乳品行业老生常谈的问题。但在“节约”的基础上，蒙牛乳业提出通过“开源”“节流”和“循环利用”等方式，实现高效用水。在收集国内外企业已实施的节水措施和经验的基础上，蒙牛乳业形成八大环节的节水措施，包括冷却塔节水、设备冷却水回收、蒸汽冷凝水回收、设备清洗水回收、中水回用、水处理车间节水改造、洗车洗地冲厕等公共用水节水，以及减少损耗。蒙牛创新性地提出“节约使用”（Saving Use）、“循环使用”（Recycling Use）和“共同使用”（Comprehensive Use）的“3U”水资源管理策略，作为工厂节水工作开展的指导思想在全国 32 个工厂中推广应用，获得了很大的经济效益和社会效益；“十二五”期间集团累计节水 425 万吨，单位产品水耗下降 13.7%；2018 年全年节水量达 96 万吨（见图 5）。

图 5　蒙牛实施的 3U 节水措施

2.关键成功要素总结

准确把握乳品市场诉求

企业行为是企业多方利益相关方诉求的综合反映，在乳制品行业，无论对于市场消费者还是企业生产管理者而言，健康和安全都是最大诉求。蒙牛乳业精准识别出环境友好、可持续发展就是内外部利益相关方健康安全要求的基石，坚持可持续绿色发展理念，以循环经济为目的，通过建设全方位的能源和环境管理体系，推动管理模式、管理水平、专业素养、创新能力全方位提升，最终实现企业发展和节能降耗、环境保护的良性互动。

合理应对区位和资源制约

企业的区位因素对企业战略具有决定性作用。蒙牛乳业位于内蒙古地区，拥有全国最优的乳制品生产区位因素，在发展过程中具有区位优势。但近年来，蒙牛乳业面临自治区资源分布不均、生态环境脆弱的难题。以水资源为例，乳制品加工需要耗费大量的水资源，内蒙古草原虽是优质奶源地但普遍缺水，如果不能有效节水和有效利用各项能源，既增加了企业的经营成本，又对生态环境造成了压力。面对这一劣势因素，蒙牛乳业通过“开源、节流、循环”的方式解决缺水问题，创建节水型企业，既符合国家发展政策，又可以持续减少生产过程中水资源的消耗，降低生产成本，更是企业承担社会责任的具体表现。

压力变动力，主动节能减排

国家的节能减排政策对企业而言是压力也是动力，蒙牛乳业将压力转化为动力，主动进行节能减排、污染管理。蒙牛乳业的生产工厂多为所在地支柱产业，部分工厂属于重点用能单位，每年都需要接受两次来自政府主管部门的节能监察。借助这一外部压力，蒙牛乳业下定决心确保完成政府下达的节能目标，以树立良好的企业形象，促进企业的绿色转型。蒙牛乳业将目标分解，采用层层督责的管理方式，着力推进先进技术的应用，高效完成额定任务，实现了企业大规模节能减排。

实践企业绿色发展战略

企业战略对于企业绿色行为具有指导作用，尽管蒙牛乳业不是传统意义上的高耗能高污染企业，但一直致力于建设节能型、环保型、循环型企业，贯彻专注品质、伙伴共赢、绿色发展的发展战略，使其发展路径全面实现了绿色发展，全方位践行绿色理念。蒙牛乳业成立了首个草原建设和保护基金，通过扶持上游企业良性发展，推动下游企业低碳生产，形成了绿色循环经济产业链条。

（二）引领潮流，让清洁能源蔚然成“风”——金风科技

依托产业链条中的地位优势，新疆金风科技股份有限公司（以下简称“金风科技”）率先在国内新能源企业中开展绿色供应链建设，结合第三方国际认证机构共同形成绿色供应链的评价标准，将低碳节能理念贯穿于风电装备的全生命周期过程，实现了从绿色采购、绿色生产、绿色运维到环境资源数据实施监测的产业链管理，带动链上企业节能改造，成为中国清洁能源行业的领跑者。

金风科技企业概况

金风科技成立于1998年，在深交所（002202）、港交所（02208）上市，2017年营业收入251.2亿元，总资产达727.9亿元，是国内成立最早、自主研发能力最强、规模最大的风电设备研发和制造企业之一。在国内风电设备制造商中连续七年排名第一，在全

球风电市场连续三年名列前三。

金风科技身处清洁能源行业，成立至今已实现全球风电装机容量超过50GW，31000台风电机组，相当于每年节约标准煤超过2800万吨，减少二氧化碳排放逾8700万吨，减少二氧化硫排放5万吨以上，减少氮氧化物排放超过6.7万吨，减少烟尘排放逾1.6万吨，相当于再造了约4710万立方米以上的森林，并成为全国首个同时在境内外发行绿色债券的企业。

金风科技长期致力于成为全球清洁能源和节能环保解决方案的行业领跑者，多次入选“全球创新能力企业50强”，荣登2016年度“全球挑战者”百强榜，被《知识产权资产管理杂志（IAM）》组织授予“中国知识产权倡导者”殊荣，2017年成为新能源风电机制造企业中唯一上榜的“绿色供应链管理示范企业”。2019年，在第十八届“全国质量奖”评选中，凭借其在质量、经济、社会效益等方面的显著成绩，成为风电行业首家荣获“全国质量奖”的企业。

1.做法与成效

风电是资源潜力巨大、技术较为成熟的可再生能源，在减少温室气体排放、应对气候变化的新形势下，越来越受到世界各国的重视。经历了从“十一五”到“十三五”十余年的发展，风电已经成为我国少数具有国际竞争力的高新技术产业之一，取得举世瞩目的成就，为我国走可持续发展之路提供了关键支撑。2019年年底，国家能源局公布风电装机总规模达到 2.09 亿 kW·h，位居世界第一。但随着总量的扩大，任何行业对自然和社会环境的影响都越来越大，亟须解决的问题也越来越多，风电亦是如此。

随着早期风机质保期限临近，大规模风机已出质保或正在执行出保程序，给风机后期市场带来新的问题。设备的运行维护、部件供应、技改优化、市场衔接、换代升级等一系列问题是风电行业面临的巨大挑战。在这一背景下，风电运行维护费用提升，限电开始，质量可靠性的隐患逐渐凸显，运行效率逐步下降，故障率升高，这些导致风能的实际利用率、风场盈利能力与预期还有很大差距。因此，从技术上和管理上降低风电成本，最大限度地发挥风电的节能效益是首要目标。

作为大型风电装备集成商，金风科技从供应链上游采购零部件，在总装厂完成组装，其中高耗能部件均由供应商供货，因此企业本身能耗较小。但作为中国清洁能源行业的领跑者，金风科技以身作则，绿色经营，为行业发展和减排提供智囊支持，以一己之力带动风电行业节能减排。作为国内及全球领先的风机集成制造商，金风科技依托全产业链优势，聚合行业资源，构建全产业链的清洁能源服务共享平台，实现全方位降本和提效，打造出以风电为核心的清洁能源产业链共享生态圈。

能源互联，数字化管理促研发

技术和服务是风电企业立身之本。金风科技根植风电事业，积极开展行业关键性、重大性的技术研发，拥有强大的自主研发能力，并在此基础之上引入大数据、物联网、云计算等技术，推动风电机组的数字化、定制化发展，在高塔架、长叶片、大容量、智能化等方面取得重大突破，优化度电成本，尽可能以较少成本保证较大的发电量，持续引领风电行业技术进步。

表 1　2016—2017 年度全国及金风科技自营小时数估算减碳情况

年份		风电利用小时数（h）	金风累计装机容量（GW）	折合标煤（tce）	减排二氧化碳（t）
2016	全国	1742	38	8135488	65997412
	金风科技自营	1881		8784646	71263566
2017	全国	1948	44	10534005	85454864
	金风科技自营	1994		10782754	87472792

凭借多年行业深耕经验，金风科技专注于风电系统解决方案。在节能低碳技术和产品服务的战略规划上，紧密围绕能源互联网发展需求，以“负荷侧管理系统＋智慧能效监控系统＋客户端智能微电网”为核心产品，通过对多技术领域、跨专业应用的深入研究，实现对能源负荷侧需求的规划。利用智慧能效监控系统，对能源使用、存储、调度进行实时监控；采用大数据、云计算技术对监控数据实时监测、报告和优化处理，以达到综合能效利用率最佳的目的。

质量至上，风电长跑的管理模式

基于对风电产品全生命周期特点的深刻理解，金风科技从企业战略和文化出发，将质量放在最重要的位置，秉承“谁打质量牌，谁就有未来”的理念，明确走质量效益型发展道路的定位，将质量文化贯彻到底，创建了具有风电行业特色的“风电长跑”质量管理模式。

追求质量，根源是对客户负责。在不断提升客户体验，为客户创造价值的过程中，金风科技从市场营销、顾客服务和顾客关系等多方面质量提升着手，并通过组织变革等管理手段快速响应客户需求，不断增强顾客满意度。

对质量的追求要靠科技创新引领。金风科技通过布局国内外 7 大研发中心，在科技攻关、技术引进、联合设计、自主研发四个阶段大力推进技术进步，如今已在风电、水务及能源互联网产业方面形成了以直驱永磁为代表的一系列核心技术，达到国际领先及国内先进水平，为产品和服务质量提供了坚实的保障。

在具体的实施路线上，金风科技依托整机和零部件可靠性验证平台、质量业务数字化平台和机组预警体系平台等三大平台，制定可执行、可量化的具体举措和目标，实施以精益管理和六西格玛为主体的质量改进，取得了良好的效果。

自身做起，布局园区绿电

金风科技的绿色行为不仅面向客户，更从企业自身做起，对园区用电进行布局。金风科技智慧园区是以能源场景为核心，汇聚、整合园区运营体系、园区集控中心、园区智慧门户 / 应用等技术模块的综合性园区，面向员工提供能源、办公、生活、文化、管理、健康等多类型服务，构建绿色生态体系，有效提升能源综合利用效率、运营业务管理效率，推进信息资源共享与业务协同。

公司生产运营过程中主要消耗的能源和资源包括办公及生产用

电、公务车辆使用汽油及工程车辆使用柴油、员工餐饮使用液化石油气等。在用电方面，金风北京园区建有1台2.5MW的风力发电机组，光伏装机容量1053.65kWp，可满足园区32%的用电需求。2017年，园区可再生能源累计发电量161.7万kW·h，折合517.44吨标煤，减少二氧化碳排放1612t。另有1台2.3MW的风电机组处于在建状态，并计划在园区新建光伏291.4kWp。全部建设完成后，绿电使用比例有望达到园区总用电量的70%。出行方面，金风科技大力支持员工绿色出行，除燕郊、廊坊、房山等远距离班车外，所有班车均为电力汽车，市内公务用车优先安排电力用车。园区内现有5个40kW的充电桩，方便员工私家车充电，计划下一步建设30个7kW和3个60kW的充电桩。而在水资源方面，公司在风机生产过程中不使用水，水处理过程也不单独从环境中取水，主要水耗来自员工办公和食堂使用；在风电场开发建设过程中，仅有少量水用于施工、防止扬尘和绿化等。

金风科技将其园区整体用能托管给子公司天诚同创，在园区能实现用能精益化管理。园区智慧能效平台可以检测园区生产、供热、空调、照明等各用能项目，包括电力、天然气、水、蒸汽等各项能源指标的实时监测和历史记录累积（见图6）。从2017年起，每个月由专业的节能服务团队对园区用能情况进行分析并出具能效月报。

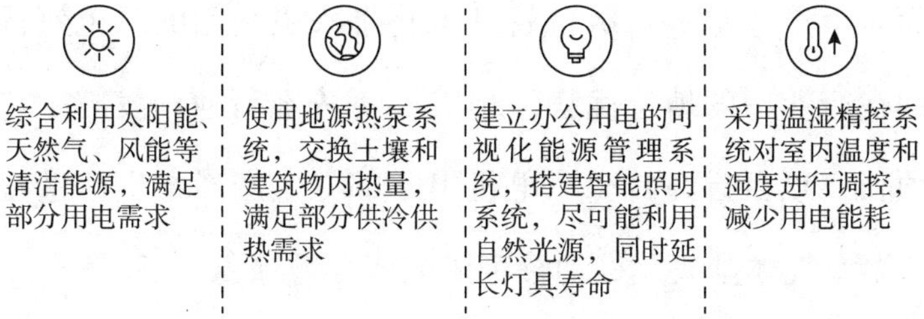

图 6　金风科技主要能源和资源使用情况

表 2　金风科技主要能源和资源使用量及密度

能源和资源类型	2018 年	2017 年
用电量（火电）（亿千瓦时）	1.05	0.65
用电量（风电、光伏电力）（亿千瓦时）	2.60	2.20
汽油（千升）	908.05	654.53
柴油（千升）	1357.45	1062.69
液化石油气（万立方米）	1.53	1.14
天然气（万立方米）	50.73	74.88
万元营业收入综合能耗（吨标煤 / 万元）	15.85	12.53
耗水量（万吨）	40.43	37.07
人均耗水量（吨 / 人）	46.19	44.28
包装物——木材（吨）	625.29	554.62
木材包装物使用密度（吨 / 台）	0.22	0.18

此外，金风科技持续完善 ISO14001 环境管理体系，定期进行环境因素辨识，评价跟踪主要的能源和资源使用指标，核算查找能耗产生环节和部位，检查设备运行及维修状况，通过实际测量和收集合理化建议等方式，查找和发掘节约资源和提高资源使用效率的潜力和机会。

引领行业，率先开展绿色供应链管理

做好自身之余，金风科技还致力于带动行业整体进行绿色发展。风电行业是典型的供应链生产行业，行业转型发展需要高度的协同和共享，而对全产业链进行绿色管理也将带来更全面的绿色效益。金风科技借助在行业中的地位优势，2017年率先在行业内发起了“绿色供应链”项目，项目旨在减少风电机组零部件生产商在生产过程中的能源消耗和温室气体排放，推动整个风电产业链绿色转型。

通过对上游296家企业的节能减排潜力的详细分析，金风科技设计出一套完备的“绿色供应链项目”体系，帮助上下游企业进行节能改造和绿色电力设施建设。金风科技作为项目核心，协同供应商、物流商、风电场、再制造企业、科研机构等相关单位组成联合体，共同建设绿色供应链管理平台。该平台围绕装备上游制造、零部件、整机等风电装备全生命周期过程，以应用信息化的管理方法为支撑，以风电产业链物质流、能量流、信息流、资金流的分析优化配置为抓手，以绿色采购为牵引，以能源效率提升为切入点，整合各类平台，提供相关数据，提供整改方案，建立与产业链上下游的约束、激励和合作机制，最终实现全行业的绿色采购、绿色生产、绿色物流、性能优化以及资源再生。

在“绿色供应链”项目中，金风科技拥有权威专业机构为其提供技术支持和专业把控。金风科技联合上游供应商，进行源头工艺的节能减碳工作探索，并与物流公司合作，配合建设绿色信息管理平台物流端；配合物流环境、能耗等信息采集；建设、优化运输作业管制系统，提高物流效率；提高车辆远程自动化监控水平；同时，也与下游密切合作，配合建设绿色信息管理平台用户端，配合使用过程环境、能耗等信息采集，开展场用电率下降、能效提升的相关项目。

金风科技还制定了《供应商绿色度评价标准》，与北京鉴衡认证中心[①]联合编写《供应链企业评价规范》，在供应商中推行《绿色供应商管理制度》，对积极实行绿色发展的企业采取采购额度倾斜，鼓励更多企业加入绿色制造和节能减排的工作中来。以河北欧伏电气股份有限公司为例，作为金风科技电控柜供应商，金风科技的绿色供应链推广实践也从欧伏电气开始。双方通过实施5个节能改造项目，整体节能率达到24.3%，同时在产品质量、交货周期及成本控制等方面都得到了提升。

金风科技的绿色供应链项目，有效降低了风电产业链的环境风险，改善了供应链整体的环境绩效，推动供应链企业的绿色转型，提升了整个链条的市场竞争力，带动了风电行业稳步健康发展，向“高质量交付、全链条共赢”的目标逐步靠近。一个以风电为核心的清洁能源全产业链共享生态圈正在形成（见图7）。

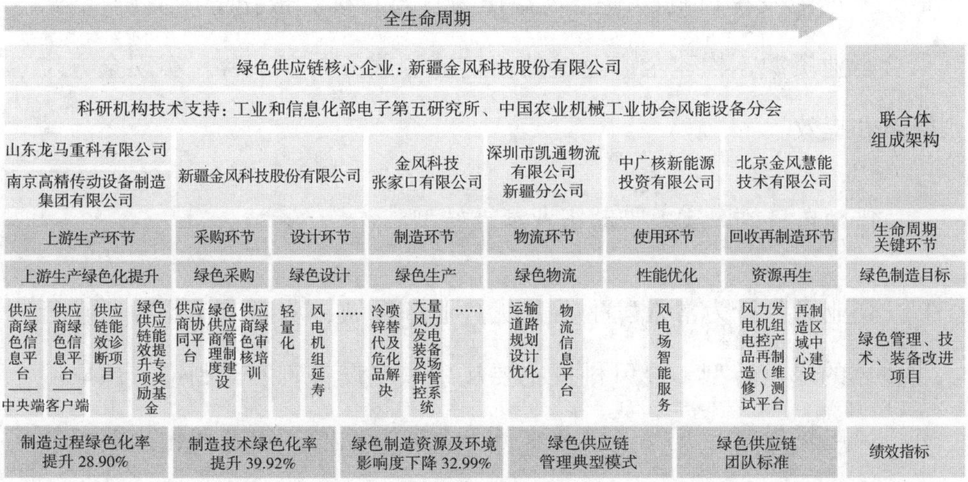

图7　金风科技“绿色供应链项目”设计体系

① 北京鉴衡认证中心是经国家认证认可监督管理委员会批准，由中国计量科学研究院组建的从事产品认证和相关科研工作的第三方中介服务机构。

2.关键成功要素总结

准确剖析行业处境与前景

来自能源与环境的外部压力通常是企业产生绿色行为的主要动力，对清洁能源产业也是如此。面对日益突出的能源与环境问题，低碳电力已经成为未来能源发展的重要趋势，风电行业进一步发挥节能潜力势在必行。金风科技作为国内最早的风电企业，能够深刻认识到行业发展的潜在机遇，顺应时代要求，探索出风电行业减排方案，带领行业打造高质量发展的风电未来。而风电行业经过多年的快速发展，风电运行维护费用增加、运行效率下降、质量可靠性隐患等问题逐渐凸显，导致风能的实际利用率、风场盈利能力与预期还有很大差距。金风科技准确把握行业发展的处境，从技术上和管理上降低风电成本，最大限度地发挥风电的节能效益作为首要目标。依托全产业链优势，聚合行业资源，构建全产业链的清洁能源服务共享平台，实现全方位降本和提效。

借助自身雄厚实力带动行业绿色转型

企业绿色行为常常发生在其优势业务领域，从而带动业务所在行业整体的绿色转型。金风科技主要从事风电设备研发与制造、风电服务、风电场投资与开发，以及水务等业务，凭借多年来在相关业务领域的丰富经验，不仅为风电行业提供了高质量的发电机组，还通过风电服务及风电场开发解决方案引领全产业链的转型和清洁能源发展。

其绿色供应链项目有效降低了风电产业链的环境风险，改善了供应链整体的环境绩效，推动供应链企业的绿色转型，提升了整个链条的市场竞争力，带动了风电行业稳步健康发展。同时，金风科技致力于成为全球清洁能源和节能环保解决方案的领跑者，在满足客户需求的基础上融入绿色环保节能的理念，引领更多企业加入清洁能源转型的行列。

发挥产业链条中的地位优势

企业通过对自身实力的判断，选择最优的绿色行为，以实现效用最大化的目的。在准确分析行业状况的基础上，金风科技作为风电行业龙头企业，依托先进的技术、产品，多年的风电开发、建设、运行维护的经验优势以及良好的售后服务，拥有产业链中的绝对地位优势，“哑铃式”的业务模式结构形成了对供应链的强大影响力。在构建风电绿色产业链的过程中，金风科技充分发挥了自身号召力，通过供应链管理，引领了整个风电生产链的能源变革。

坚持质量至上的原则文化

对技术和品质的高标准要求是企业维持长期良性发展的根基。“风电行业是高质量要求的行业”，金风科技坚持质量至上，不断加强技术投入，从产品源头、生产等全方位构建了全生命周期的质量监管体系，从而使其在实现“为顾客创造价值”的理念同时实现了风电的高效发展利用，带来巨大的绿色效益。

（三）绿途征程，相伴相惜绿色飞行——海南航空

作为中国民航首家获得能源管理体系第三方认证的航空公司，海南航空控股股份有限公司（以下简称“海南航空”）不断探寻可持续发展之路，高度重视节能减碳工作，通过解决关键能耗环节的能源管理，提升飞行和燃油效率，以自身为蓝本，建立了一套可推广、复制的能源管理模式。2008 年至 2019 年，累计节油 54.9 万吨，降低二氧化碳排放 173 万吨，相当于 6.6 万亩森林一年的二氧化碳吸收量，成为航空产业绿色发展的典范。

海南航空企业概况

海南航空是海航集团的子公司之一，也是海航集团旗下核心支柱产业。虽然其在海航集团爆发的流动性风险中受到一定程度的影响，但因其自身节能减排业务能力优秀，且在推动绿色航空发展方面切实取得了很多成绩，仍得到了国际和国内众多专家和机构的普遍认可，获得 2019 年度“气候领袖企业”称号。

海南航空于 1993 年 1 月成立，起步于中国最大的经济特区和自由贸易港——海南省，是中国发展最快和最有活力的航空公司之一，致力于为旅客提供全方位无缝隙的航空服务，打造安全舒适的旅行体验。

1993 年至今，海南航空连续安全运营 27 年，累计安全运行超过 800 万飞行小时，拥有以波音系列为主的年轻豪华机队。截至

2019年年底，海南航空及旗下控股子公司共运营国内外航线2000余条，其中国内航线1800余条，国际航线258条，航线覆盖亚洲、欧洲、北美洲、南美洲和大洋洲，通航境外66个城市。海南航空积极响应国家倡议，融入“一带一路”建设，专注打造国际国内高效互动、品质型、规模化的卓越型世界级航空网络。紧密配合国家“民航强国”发展战略，在北京、广州、海口、深圳等24个城市建立航空营运基地/分公司。

海南航空以优质的产品及服务连续十年蝉联“SKYTRAX五星航空公司”荣誉并保持全球十佳航空公司第七的排名，成为中国内地唯一入围并蝉联该项荣誉的航空公司。作为中国首家通过能源管理体系认证的航空公司，海南航空继获得2018年度全球所有航空公司“跨太平洋航线燃油效率排名第一”及2019年度中国“气候领袖企业”称号之后，再获殊荣，经国家发展改革委推荐、联合国评选，荣获2020年度全球“能源管理领导奖—能源管理洞察力奖”，成为目前全球唯一获此殊荣的航空公司。同时，海南航空也是国家能源管理体系交通运输认证标准指南制定参与者，旨在为全行业节能减排提供范本。

1.做法与成效

民航业是战略性产业，是中国国民经济和社会发展的重要组成部分。随着近几年中国经济的持续增长和人民生活水平的不断提高，中国民航业进入了一个高速发展时期。2019年，中国运输航空完成运输总周转量 1292.7 亿吨公里，旅客运输量 6.6 亿人次，货邮运输量 752.6 万吨，中国民航行业规模已经连续多年稳居世界第二，成为当今世界名副其实的民航运输大国。

经过几代民航人的接续奋斗，中国已具备从民航大国向民航强国跨越的发展基础，但同时也面临基础保障能力不足、资源环境约束增大、发展不平衡、不充分现象突出等问题。作为基础性服务行业，在未来相当长的一段时间内，航空运输都将是长途客货运输的主要选择，未来民航业能源消耗仍将快速增长。作为国际民航组织一类理事国，中国民航近年来始终将应对气候变化和节能减排作为推动行业可持续发展和建设民航强国的重要内容，出台了多项政策，采取各种措施。然而，随着 2020 年全球国际航空碳排放市场机制设计的开始，民航节能减排环境将进一步趋紧，这对我国快速扩大的航空行业的发展空间和经济利益将会产生实质性影响。因此，进一步提高运行效率、减少延误，优化飞行航迹、缩短航程，从而降低燃油消耗和温室气体排放，成为民航行业面临的重要问题。作为国内航空行业绿色发展的领头羊，海南航空以能源管理体系为基础，建立了一套可推广、复制的能源管理模式，为国内其他航空公司能源管理工作提供参考借鉴。

海南航空重视能源管理工作，建立了符合自身特点的能源管控体系并对其进行不断完善，通过多种措施实现企业能耗精细化管控，并通过加强供应链的管理，实现企业、环境、社会的可持续发展。2008 年至 2019 年，海南航空通过先进技术的推行和精细化管理，累计节油

54.9万吨，减少二氧化碳排放约173吨，相当于6.6万亩森林一年的二氧化碳吸收量，积极推进了绿色航空的示范效应。2019年，海南航空累计实施节能举措近30项，节省航油9.8万吨。

科学管理，建设能源管理体系

进行能源管理，促进节约能源降低成本，首先需要有科学的管理思路和方法。海南航空早在2006年就开始探索航空业的节能减排道路。通过借鉴国内外先进的减排经验，海南航空发现推行规范化管理、建立能源管理体系，是一条科学可行的途径，由此便打造出极具智慧的创新性节能减排体系，走出一条绿色航空发展之路。

2014年3月，海南航空在全公司范围内正式启动能源管理体系建设，成立了能源管理体系建设小组，随后又成为中国民航内首家获得能源管理体系认证的航空企业。在行业内率先引进能源管理体系国际标准，并与国内外领先的咨询公司合作，研究出更为适合海航自身的管控体系，建立系统化节能减排管控体系（见图8）。海南航空将原有的“项目管理”变为“全面管理”，全面梳理了公司生产经营各环节的耗能影响因素，将指标预先逐层分解到各影响因素，通过因素管理实现结果系统化管控和能耗数据透明化。同时，海南航空每月定期制作节能减排监控预警报告，统计分析各因素指标数据，通报进展及关键绩效指标（KPI）考核结果，并根据每月统计分析情况和日常监察情况，对于存在不符合项或整改建议项的情况，督促各单位整改并监控改进。

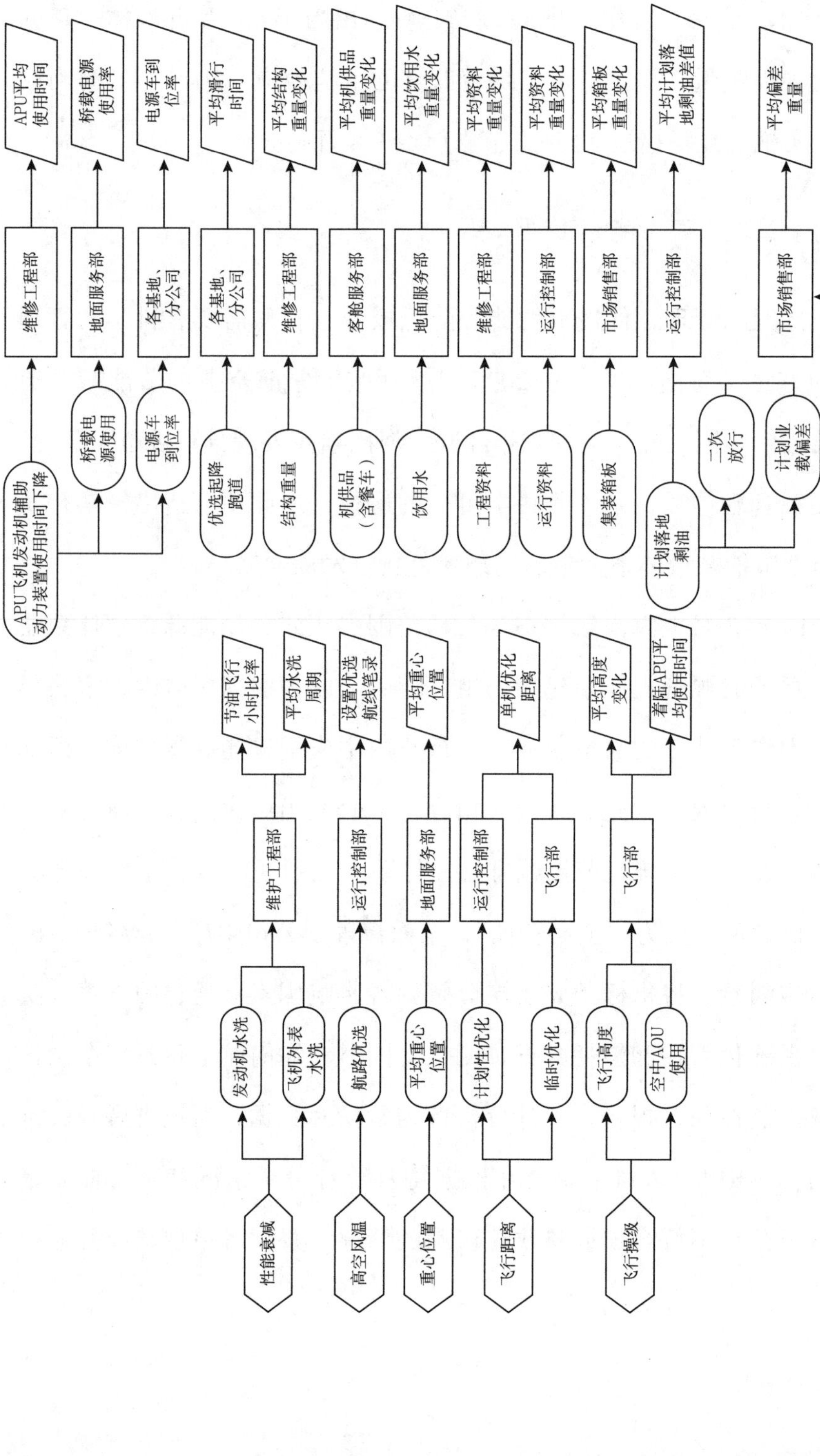

图 8 海南航空能源管理体系

此外，海航的能源管理也为全行业提供科学方法。鉴于航空运输业惯用的能耗强度指标为“耗油”（吨·公里），市场的波动将极大地影响其“产量”（吨·公里）或载运率。为更好地指导企业开展技术和管理上的节油措施，在民航局的支持下，海南航空与中国民航科学技术研究院，共同研究出一套完整的能效评价指标体系——“修正吨公里耗油”。该三级数字指标管控体系（见图9）可以指导公司进行科学、公正的横向和纵向的对比，发现生产运行中存在的问题、开展技术和管理上的节油措施，进一步提升节能潜力空间。

海南航空坚持“平安飞行，绿色飞行”（Fly safe，Fly green）的运营策略，在充分保障飞行安全和服务质量的前提下，将绿色低碳发展理念融入企业的重要战略性发展规划、日常管理和运营流程，构建安全、服务和绿色并重的“三位一体”发展模式，积极推进航空产业的绿色发展。

化整为零，关键环节逐一攻破

全面的能源管理体系为深度节能提供可能。在建立能源管理体系的基础上，海南航空将节能减排问题化整为零，逐个攻破。通过对关键耗油环节项目进行自我剖析，海南航空基于航油消耗的地面运行、空中运行、飞机瘦身的全流程及影响因素，从机队更新、运行技术、深度减重、地面节能等方面开展全方位的节能工作。在此基础上，海南航空运用节能环保新举措、新方法，积极开展机组加油符合度管控、“CIRCLE FLY”环球飞行、单发滑入、地面电源装置（GPU）代替飞

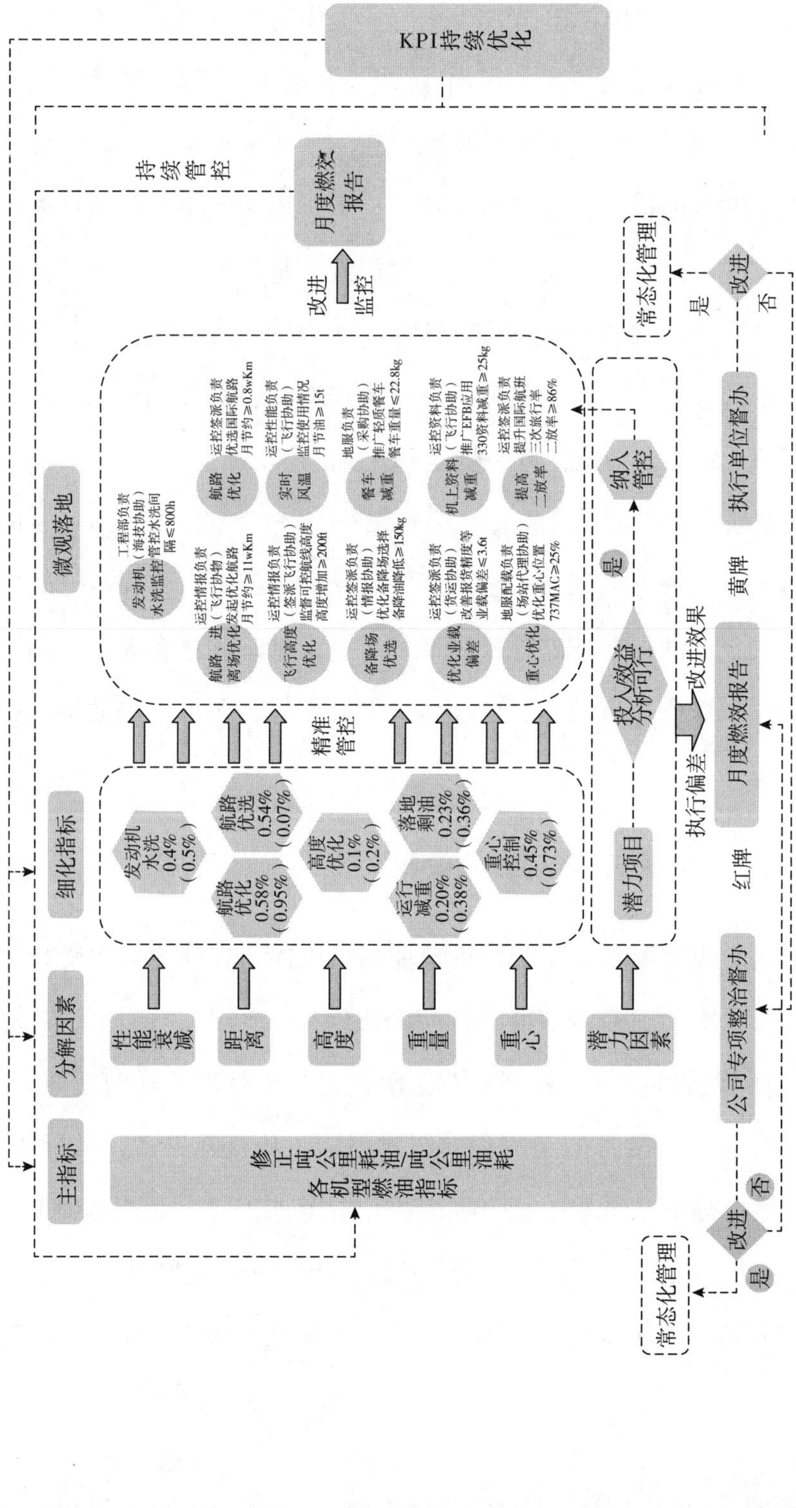

图9 海南航空三级数字指标管控体系

机发动机辅助动力装置（APU）、双鳍小翼加装、氧气改装等多种项目，进一步提高燃油预测精确性，减少航线耗油与碳排放。2019年，海南航空累计实施节能举措近30项，节省航油9.8万吨。

在运行管理方面，海南航空通过飞行距离优化、计划落地剩油控制、中心优化控制等方式减少航线耗油，降低碳排放。北大西洋历来就是运行环境最复杂的区域之一，逆风飞行耗能、耗时都超过顺风。“CIRCLE FLY”项目充分利用中高纬度地区盛行西风的特点，打破以往纽约、波士顿回程航班向西逆风飞行的固定模式，实现航班去程和回程均向东飞行，往返环绕地球一圈，即“环球飞行”的由来。目前，海南航空纽约—重庆、纽约—成都、波士顿—北京等航线已实现往返航班“环球飞行”，平均飞行时间减少30分钟以上，每年还能减少碳排放约4500吨。

在氧气系统管理方面，海南航空通过改装，将24架737-800飞机的氧气系统的供氧能力由12分钟提升到22分钟，改装后的飞机从乌鲁木齐出港可缩短飞行距离370千米，减少飞行时间约30分钟；全部改装后，每年可节约5400吨航油。同时，海南航空也通过使用轻型餐车、轻型集装器等方式实现深度减重，降低不必要的飞行能耗。

在地面减排管理方面，海南航空为停场准备过程中飞机供电主要靠飞机上的APU、车载GPU设备和廊桥装配的静变电源设备三种形式；而使用飞机上的APU为飞机进行供电是成本最高、能耗最大的方式，因此，开展GPU代替APU项目成为公司节能减排的核心工作。海南航空要求GPU“应用尽用”，对于未使用GPU的情况实时反馈，并定期向公司专项汇报。该项目 2019 年节油 3.8 万吨。

而在技术管理方面，海南航空也保持着行业领先水平。2018 年，海南航空在波音 737 机队融合式翼梢小翼基础上加装下小翼（称为“双鳍小翼”），这是国内首次进行飞机下小翼改装（见图 10）。改装后的飞机能够进一步减小阻力、增加升力，燃油效率提升约 1.6%，平均每架飞机每年可节省燃油 114.7 吨，减少碳排放 361 吨。

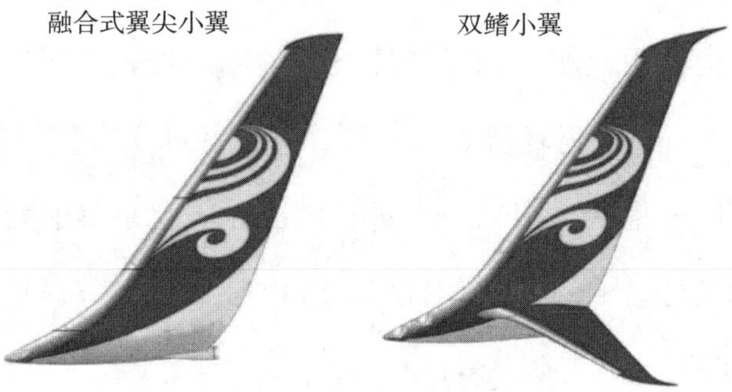

图 10　双鳍小翼加装

合作共赢，共筑绿色航空生态圈

可持续发展已成为各个国家实现经济增长的关键所在。在此背景下，2016 年 6 月，海南航空整合航空产业上下游企业资源，与联合技术公司、全球契约网络、波音、空客等 28 家单位联合发起成立“绿色航空倡议网络”（GAIN），以共同推动绿色航空未来的发展。该网络旨在通过传播、对话以及创新性解决方案，在航空领域打造一个具有全球交互、跨界交互、产业协作、联合创新特性的新型合作平台，构建集绿色运营、绿色创新、绿色社区及绿色消费为一体的绿色航空生态圈，推动航空产业从因业务需求驱动的、分散合作的行业模式转型为社会需求与共享价值驱动的产业集群模式，形成绿色航空发展模式（见图 11）。该平台集合了航空产业链中各个环节，以科技创新和行业合作为支持，构建绿色航空发展的全球伙伴关系，建立并实施有效的合作机制，定期组织召开年度论坛会议，共同应对绿色航空发展所面临的挑战，为实现联合国可持续发展目标做出贡献。

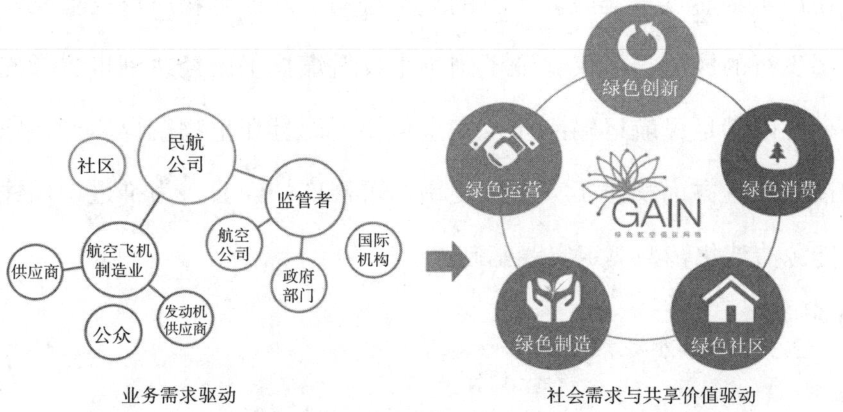

图 11　GAIN 的发展模式

在国内，作为中国民航运输业的一分子，海航积极发挥在行业绿色发展中的引领作用，为航空事业节能减排做出贡献，共同实现企业、环境、社会的可持续发展。2014 年，海南航空参编《能源管理体系交通运输企业认证要求》（RB/T 104—2013），以海南航空能源管理体系为蓝本，为国内其他航空公司能源管理工作提供参考借鉴。随后，海航又联合多家公司在 2016 年发布了国内首份《绿色航空白皮书》，为全球民航业提供绿色创新解决方案。同时，海航联合中国标准化研究院等单位共同打造的中国民航业首份《航空运输业社会责任实施指南》，为我国民航业的可持续发展做出贡献。

此外，在燃油供应方面，海航也大力推动可再生能源的广泛应用。与传统航空煤油相比，生物航煤在全生命周期中碳排放可减少 50% 以上，同时可实现资源循环化利用。2017 年 11 月 21 日，海南航空 HU497 航班载着从餐饮废油炼化而成的生物航煤，顺利完成北京—芝加哥中美绿色示范航线首班生物航煤航班载客跨洋飞行，成为国内首家使用生物航煤跨洋载客飞行的航空公司。国产生物航煤商业化示范应用飞行的成功，不仅验证了国产生物航煤技术已经达到世界领先水平，可以满足民航运输品质及安全需要，而且在生物航煤生产运输到加注全流程方面积累了大量可复制、可推广的经验，为推进中国民航业能源清洁化转型奠定实践基础。

2.关键成功要素总结

把握行业发展处境，率先开展能源管理

面对全球气候变化的严峻挑战和节能减排的时代要求，民航业节能减排环境正在逐步收紧，对我国快速扩大的航空行业发展空间和经济利益都会产生实质性影响。民航企业需进一步提高运行效率、减少延误，优化飞行航迹、缩短航程，降低燃油消耗和排放。海南航空早在 2006 年就开始着手能源管理体系的建设，进行绿色发展转型，旨在走出创新与智慧的节能发展道路。海航通过剖析关键耗油环节和项目，构建出基于航油消耗的地面运行、空中运行、飞机瘦身的全流程节能体系，从机队更新、运行技术、深度减重、地面节能等方面开展

全方位的节能工作。以能源管理体系为基础，海航建立了一套可推广、可复制的能源管理模式，逐渐成为国内航空行业绿色发展的领头羊。

借助国际国内航空联盟，整合上下游资源

航空业具有典型的跨区域特征，航空企业也自然地嵌套在国际、国内的航空网络中。因涉及跨境、多行为主体、多元消费者等问题，航空领域的碳减排一直是全球应对气候变化进程中颇具争议性的一个话题；尽管航空相关的气候谈判进展缓慢，但全球航空行业的节能减排势在必行，任何航空企业都无法脱离这个网络独善其身。海航正是借助国际、国内的航空联盟，发挥催化剂的作用，整合了上下游的企业资源。国际层面，通过联合发起成立“绿色航空倡议网络”，集合了航空产业链中各个环节，以科技创新和行业合作为支持，构建绿色航空发展的全球伙伴关系，建立了有效的国际合作机制；国内层面，通过发布国内首份《绿色航空白皮书》，为民航业提供绿色创新解决方案，也大大提高了在行业内的影响力。

以绿色可持续发展的理念指导自身实践

在借鉴国内外先进减排经验的基础上，海航通过对自身发展分析，结合内外部实际情况，开发出适合自身的能源管控体系。顺应民航业高速发展的趋势，海航将绿色低碳发展理念融入企业的发展规划，构建了安全、服务和绿色并重的发展模式，推进航空产业的绿色发展。

同时，海航又将自身节能项目管理经验归纳总结形成理论，再用理论指导实践，两者相互促进，以持续提升企业自身乃至全行业的能效水平，为全行业提供节能减排、保护环境的蓝本和经验方法。以“海航精神”价值体系为引领，海航将绿色发展的理念融入企业发展过程，致力于在从地面到空中的整个服务链输入绿色出行理念，倡导节能环保，低碳生活，致力于打造旅客首选、全球知名的绿色航空品牌。海航以社会责任为己任，旨在携手中国民航业共同打造全球民航绿色运行实践范例，为联合国 2030 年可持续发展目标做出贡献。

（四）精细管理，奏响绿色国门协奏曲——首都机场

作为中国年旅客吞吐量最大的机场，北京首都国际机场股份有限公司（以下简称“首都机场”）在不断完善自身运输业务能力的同时，将绿色理念落实到机场建设、运营、管理的全链条实践中，尤其是在运营和管理上“精益求精”，实现了公共服务水平和环节效益的双赢，已成为绿色机场建设的典范和楷模。

首都机场企业概况

首都机场隶属于首都机场集团公司，主要负责北京首都国际机场的安全和运营管理，于 1999 年 10 月 15 日注册成立，2000 年 2 月 1 日成功在香港联交所上市交易，成为中国内地首家在香港联交所上市交易的机场公司。作为“中国第一国门”，北京首都机场是

中国最重要、规模最大、设备最先进、运输生产最繁忙的大型国际航空港。现拥有三个航站楼、三条跑道、两个塔台，总建筑面积超过200万平方米，是中国的空中门户和对外交流的重要窗口。位于欧洲、亚洲、北美洲的核心节点地区，首都机场成为连接亚、欧、美三大航空市场最为便捷的航空枢纽，日益完善的国际航线网络，使得首都机场成为世界最繁忙的机场之一，每天有94家航空公司近1700个航班将北京与世界54个国家的244个城市紧密连接。2018年，首都机场航班起降架次为61.4万架次，货邮吞吐量为207.4万吨，旅客吞吐量达10098万人次，继续稳居全球第二位。2014年首都机场成为国内首家通过能源管理体系认证的大型机场，2016年成为内地首家获得国际机场协会ACA认证[①]的企业，2017年获得国家发改委发起的“优秀能源管理案例”奖项，2018年荣获国际机场协会4000万级以上机场“最佳机场环境及氛围奖”“最佳机场旅客服务奖”“最佳机场设施及便利奖”等奖项。

1.做法与成效

“国家和地区经济增长的引擎”[②]，国际机场协会（ACI）这样形容机场的作用。作为航空运输体系的首要基础设施，机场不仅是空中运输的支柱，也是贸易往来的重要枢纽。尽管机场能耗在民航业中未

① 机场碳管理认证（Airport Carbon Accreditation）计划始于2008年，由国际机场协会（ACI）推出，是唯一获机构认可的机场碳管理认证标准，独立评估各机场的工作。其目标是致力于减少机场运营过程中的碳排放，最终目标是实现碳中和；ACA认证是目前机场行业中影响力最大的碳排放认证。

② 民航资源网，http：//news.carnoc.com/list/393/393511.html。

占据十分突出的比重，但机场是所在城市的能耗大户，对所在地的生态环境产生巨大影响。从建设到使用的整个生命周期，机场占用了大量土地，消耗了大量的建筑材料，生产运营需要消耗水、电和其他资源，同时其设施设备运行产生了大量的废气、噪声、废水和固体废物，形成了各种污染。2019 年，全球货运量达到 6590 万吨，客运量达到 45.9 亿人次[①]。毫无疑问，如此庞大的业务规模将给机场的资源利用和周边生态环境带来巨大压力。因此，绿色低碳的发展理念已成为全球机场的共同追求。

2015 年，中国民航局将绿色机场的概念正式列入中国民航发展的重要一环，指出绿色机场的核心理念是“节约、环保、科技、人性化”，并提出绿色机场是“在全寿命期内，实现资源节约、环境友好、运行高效、以人为本，为公众提供健康、便捷、舒适的使用空间，为飞机提供安全、高效运行的环境，与区域协同发展的机场”。[②]

在这一背景下，首都机场创新地提出“一轴四驱”的绿色机场建设总体思路，以机场建设运营全生命周期为主轴线，通过内外合力，实现运行高效、环境友好、资源节约，共建平安、绿色、智慧、人文的“四型机场”。

能源管理，开启绿色机场新乐章

机场的节能减排是一项紧迫但复杂的任务。作为一个航空运输平台，机场需要为航空公司业务提供所需的设施、配套资源等，承担着

① IATA，https：//baijiahao.baidu.com/s?id=1615709196963671591&wfr=spider&for=pc。

② 中国航空新闻网，http：//www.cannews.com.cn/2016/0322/150493.shtml。

安全管理、协同运行、旅客服务、综合交通管理等多项繁杂职能，随着客流量和货运量增多，社会对机场的服务需求量和质量要求也在不断上升，这使得机场原本就严重的能源消耗问题加剧。因此，解决机场能源消耗问题首先需要构建一个科学完善的能源管理体系。

以能源管理体系建设为节能工作的基础与核心，首都机场围绕目标规划、经济运行、节能技改、计量分析等方面建立了一整套多部门协作的科学、先进、有活力的能源管理体系，将环境责任纳入公司的日常业务，定期开展环境管理体系培训，支持员工参与环保活动，最大限度降低公司运营对环境造成的影响。2014 年，首都机场便通过了能源管理体系认证，也是国内首家获得该认证的大型机场。在组织架构上，首都机场设立了专门的能源模块，专职负责节能减排工作：管理层督导，担任节能领导小组组长；技术采购部经理负责具体落实，将能源管理的每个要素落到实处。此外，首都机场每年都会制定节能减排目标，这一目标被细化分解至各部门，落实至各员工，目标的完成情况被纳入部门 KPI，与个人薪酬挂钩。公司还设立了“双增双节”奖励，表现突出、有重要贡献的个人都会得到表彰和奖励。绿色低碳的理念深入每个员工，使得各项节能减排目标都能顺利达成。

首都机场在积极引进先进管理经验的同时，每年坚持进行能源评审，梳理能源利用现状，识别节能机会，制定能源目标和工作计划；结合能源管理体系（见图 12）要求，开展各项节能减排工作；并积极进行机场的碳排放管理，编制了《低碳发展工作方案》，发布《碳管理规定》，2016 年，首都机场成为国内首家获得国际机场协会机场碳管理 ACA 认证的机场管理企业。

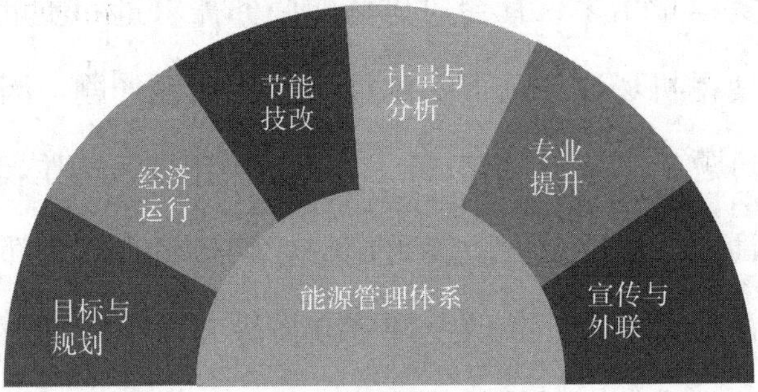

图 12　能源管理体系

经济运行，优化实现能耗最小化

每天承载巨量旅客，兼顾海量设备、系统协同运行，不间断运行是机场的必备标签。作为中国年旅客吞吐量最大的大型国际机场管理公司，首都机场日常运营能耗大得惊人。曾经，首都机场一天的用电量就相当于北京市怀柔区一天的耗电量[①]，每年在能源方面首都机场就有几亿元的成本支出。如何在保障优质顺畅服务，应对业务量提升的同时实现“降能耗，升能效，绿色低碳发展”成为首都机场面临的头号难题。面对这一难题，首都机场系统分析了自身主要用能单位，通过精益管理，制定各系统的经济运行模式（见图 13），在一定程度上扭转了能耗“大胃王”的状况。

根据分析，机场的主要用能单元包括建筑环境内部的照明和暖通系统，生产运行的行李和捷运系统。因此，首都机场采用“策划—实施—检查与纠正—持续改进”的系统化模式，以设备经济运行标准规

① 中国质量新闻网，http：//www.cqn.com.cn/news/zgzlb/diqi/1104996.html。

范为依据，合理调节各项能源关键参数，严格执行经济运行节能方案，不断完善优化运行模式，安排必要的操作检查和能源绩效参数监测分析，持续提升各个系统的能源效率。

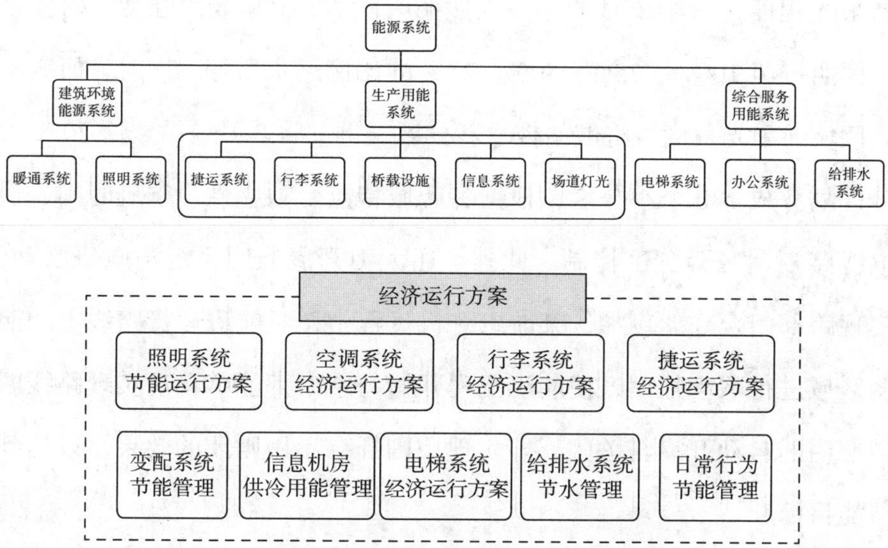

图 13　首都机场主要用能系统及经济运行方案

在照明方面，航站楼被誉为机场的夜明珠，昼夜不息。3 号航站楼总建筑面积约 100 万平方米，其照明系统是机场的能耗大户。然而，机场需要为旅客提供 24 小时明亮舒适的环境，照明节能，并不只是关停那么简单。根据积累多年的航站楼照明系统管理经验，首都机场发现单纯减少照明时间或者降低照度，都免不了影响旅客和工作人员的舒适感，有时甚至有安全隐患。对于照明节能，更重要的是让照明与自然光线变化、旅客动线规律有机结合起来，是一门“怎么开灯”的学问。

首都机场通过细致研究，对照明区域精益化管理，实施照明航班联动等措施，发展出一套完善的照明系统节能运行解决方案。在不降低服务品质的同时，实现了节能减排。首都机场详细统计了航站楼所在区域天亮、日出、天黑、日落、昼长时间，结合日照特点及不同区域采光程度，每半个月调整一次照明时间表；根据光照强度，对屋顶的照明按照100%、75%、50%、25%的比例逐步启停。同时，研究不同区域的采光程度，将航站楼重新分区。例如将3号航站楼原20个大分区划分成130个小分区，根据各区域特点、独立性、航班时间、供电线路控制区等分区控制。此外，还大力开展照明系统与航班联动，实现跨部门合作。例如，某航班登机过程中，对航班运行路线上的照明区域进行联动控制，使航班流程开始与结束都能够自动实现路线区域照明的自动开启与关闭，即实现用则开，不用则闭的效果，以达到节能目标。

在暖通方面，首都机场所拥有的140多万平方米的航站楼需要多个空调机组同时运行，才能确保四季如春的室内温度，能量消耗极为巨大。要提高空调系统的效率，传统做法是进行台数调节、时间调节，然而各个机组依然处于“各自为政”的状态。为此，首都机场开展了大空间空调机组群控策略研究的尝试。针对1号航站楼空调系统，深入现场给空调系统做“体检”，详细监测记录送回风量、循环水量、温度等多个运行指标，建立空调运行数据模型，核算空调系统整体功效，再通过对多台空调机组间的运行配合以及智能控制系统的实时跟踪和控制，在确保系统稳定运行的同时，建立了多台机组的联动机制，互相配合，联动协调频率和风量，达到了空调系统能耗降低的良好效果，对全行业的空调节能将起着重大的示范作用。

在行李系统方面，旅客的行李涉及离港、到港、中转等10余个大型系统，而为了保证行李正确、及时抵达，信息控制、行李分拣与分配、路径追踪、行李识别等多个子系统还需要互相配合又协同运转。以首都机场3号航站楼的行李处理系统为例，占地12万平方米，输送设备总长度达68公里，相当于北京四环路的长度，传输速度10米/秒，设计高峰行李处理能力为19000件/小时，是世界最繁忙的行李处理系统之一，24小时不间断运转，也是巨大的能耗环节。首都机场经过长时间调研发现，由于航班离港到港并不是全天均匀分布，有时繁忙，有时空闲，所有的子系统并没有必要全部同时处于高速运行状态，如果能按需运转，则可节省大量能耗和能源支出。

为此，首都机场分析了不同时段行李数据的特点，并通过对行李系统不同部分（皮带机、高速和分拣机）使用时间和占用率等核心数据的长期跟踪、统计，对整个系统进行冗余度评估，制定出一整套按需运行的策略。在实际运行中，行李系统传输控制会为每个行李确定一个“最佳目的地路由”，合理规划行李进入特定的分拣机，这样就可以在旅客到港量的低峰期停运部分行李系统。在皮带部分，夜间可根据值机岛自主收集皮带使用分布情况，安排东西两侧各禁用部分主线；在高速部分，按需开启或禁用一个或多个空托盘存储区；而在分拣机部分，在夜间客流量较少时，根据托盘占用数量关闭部分分拣机。如今，首都机场的行李系统不仅可以满足日益增长的旅客需要，较行李系统投运初期相比，还实现了高达25%的节能量。

设备更替，树立行业的绿色标杆

在构建科学的能源管理体系和执行最优化系统运行方案的同时，首都机场对原有老旧设备进行更替，实施了LED（发光二极管）改造和光伏发电等诸多项目，鼓励采用包括“合同能源管理”“能源费用托管”等新型节能服务机制引入先进的设备和系统，最大限度地降低资源消耗，提高能源利用效率。

优先采购国家认证的节能设备或产品，优先采用环保型、节能型电器设备及清洁能源，积极推广使用高效节能型新产品、新技术，减少照明设备电耗，多采用自然光照明；减少电子设备消耗，合理调节空调温度，杜绝过度耗电现象，有效降低能源使用，减少碳排放。2015年完成1号、2号航站楼70W以下LED清洁节能光源更换工作，共计更换灯管57500支，实现节省电费金额689.9万元；完成61台高耗能空调电机的更换，预计年节约电量8万kW·h。

作为绿色机场的“碳”路先锋，首都机场还积极探索可再生能源，在行业内率先开展光伏项目试点。在机场铺设光伏板，有可能对飞行员和控制塔工作人员造成眩光影响，影响航班和机场安全，需要慎之又慎。为此，首都机场经过长期研究与试验，最终在3号停车楼开展先期光伏示范。2016年9月，首都机场3号停车楼光伏发电项目顺利并网发电。项目的楼顶共计安装10条采光带，采光带面积达2400平方米，一年预计可发电48万kW·h。也就是说，如果一个普通的三口之家每月用电200kW·h，那该项目的发电量可以让200个这样的家庭用上一年。首都机场 3 号停车楼光伏发电项目优化了机场的供电结构，实现年节能收益约为 50 万元，为在机场合理安全使用太阳能做出了示范。

首都机场致力于推动航空业的绿色低碳发展，在国内率先引进地面桥载设备，可以替代飞机辅助动力装置向飞机提供用电、空调等各类服务，飞机在到港后不需要通过发动机转动、消耗航空燃油来提供电力和空调，为航空公司节省了燃油和维修维护成本，减少了大气污染、二氧化碳排放和噪声等不良影响。以首都机场 3 号航站楼为例，2017 年，87 个近机位全年靠桥航班约 20 万架次，可为航空公司节约大量燃油，同时减少航空器尾气排放。

首都机场积极分享自身成功经验，推动并参与制定绿色机场建设规划。联合国环境署在 2017 年第三届联合国环境大会上发布了《绿色机场：通往可持续发展之道——北京首都国际机场绿色机场评估》报告，这是环境署在世界范围内首次对航空运输企业进行绿色评估，是世界环保领域对首都机场所做的绿色转型措施的肯定，向世界展示中国绿色国门形象的同时，为国内机场行业树立了绿色标杆和榜样。

首都机场是中国最早开始绿色机场研究与探索的机场之一，更是系统思考与推进绿色机场建设的典型代表。本着“资源节约、环境友好、运行高效、以人为本”的原则，首都机场在确保航空安全，持续提升服务质量的前提下，以提高能效为核心，以科学创新为支撑，全力打造了资源节约、环境友好的大型国际枢纽。通过精益管理，首都机场把节能的工作深入机场的每个细节，以人为本，实现了机场经济效益与生态保护的“双丰收”（见图 14），绘制了蓝天白云绿色机场的美丽画卷。

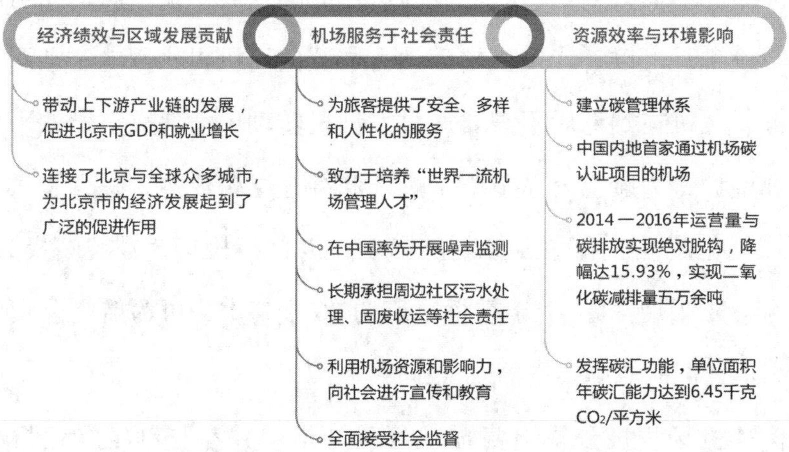

图 14　首都机场经济效益与生态保护实现“双丰收”

2.关键成功要素总结

正确应对外部环境压力与自身发展需求

外部环境问题和企业经济发展不是水火不容的两个方面，以资源效率为目的的措施不仅会提升企业经济效益也会带来诸多环境收益。在首都机场的绿色探索中，采用最经济化的系统运行方案，不仅提高了机场的服务质量，降低了运营成本，同时产生了巨大的节能减排收益。这是首都机场在旅客对机场服务要求提升、社会节能降耗需求强化的背景下的正确应对方式，实现了自身发展和环境保护相协调。

对自身发展问题的清楚剖析

企业只有在正确认识自身所存在的问题后，才能对症下药，制定出精准的战略方案。在制定绿色发展战略时，企业需要清楚地了解自身所存在的诸多能耗和排放环节，正如首都机场对机场所涉及能耗系统的分析，只有在清晰认识能效薄弱环节的基础上，企业才能有针对性地进行改造或优化，逐一解决耗能问题，高效实现节能降耗。

科学和现代化的理念指导

随着各个行业节能环保力度的加强，绿色发展已经不再是企业评价的附加指标，已成为硬性指标。在这一背景下，首都机场以打造平安、绿色、智慧、人文的“四型机场”为目标，通过成立专门的能源部门，统筹管理机场节能减排工作，并将绿色目标分解，融入企业运行的各个环节，最大限度地实现节能。同时，又借助信息技术的发展成果，引入现代化技术，启用新运行控制中心，通过联席运作、信息共享，提高管理和运行效率，持续协同推进“绿色机场”和“智慧机场”建设，树立现代化机场标杆。

（五）模式总结与案例启示

企业管理是对企业内部和外部资源的整合，管理创新旨在通过改善或颠覆原有管理模式，探索一种新型高效的资源整合方式。管理创新不一定是完全的模式颠覆，也可以改变一整套模式中的其中一个或几个环节，如资源整合方式、经济目标制定、组织考核方式等细节。本部分讨论的案例包括资源依赖型的蒙牛乳业、新能源领域的金风科技和典型的服务型企业海南航空和首都机场，几个案例企业都在绿色管理模式的探索上做出了有益的尝试，不但在企业内部有效地推动节能减排的实现，也为企业带来客观的经济效益。这几个企业在面对不同的行业发展约束条件下，结合自身优势和行业特点，通过管理创新，率先在行业内做出调整，取得经济效益的同时也奠定了企业稳定发展的基础。

企业探索管理创新推动绿色转型，离不开社会进步背景下技术创新的支撑。科学技术的发展使得企业实现了机械化至自动化的转变，促进了人力解放，使企业生产从散乱到集约、从无序到标准。互联网时代更推动企业的管理模式不断更新。在应对气候变化的大背景下，大多数企业都可以通过引入资源/能源管理体系，借助“互联网+”、信息化等管理服务平台，对企业自身及生产过程中的能源资源消耗进行实时监控和高效管理，从而识别出企业具有节能减排经济性潜力的环节，提供优化方案，最终实现节能减排，如蒙牛乳业和金风科技都采取了类似的数字化管理模式对自身能源消费进行管控。

在竞争激烈的市场环境下，企业准确剖析自身特点进行个性化的管理创新更是其在行业中立于不败之地的关键。正如资源消耗型的蒙牛乳业和首都机场，找准自身水资源和能源消耗高的痛点，通过绿色管理改革实现资源消耗和环境污染最小化，探索循环经济模式，为资源消耗型企业树立了榜样。金风科技作为产业链中承上启下、发挥重要作用的新能源企业，聚合行业资源，构建全产业链的清洁能源服务共享平台，实现全方位降本和提效，为整个供应链条甚至全行业的发展都做出了示范。对于本身就处于清洁能源产业的新能源企业而言，如何像金风科技一样聚合资源、突破桎梏，增强持久发展动力是需要考虑的问题。而如海南航空一样的服务型企业在绿色转型的浪潮下如何实现更有效、科学的管理则面临更大的挑战。海南航空以先进技术为抓手，进行经营管理全方位的节能减排，成为行业能效管理的标杆；同时，企业面对竞争并非要孤军奋战，利用行业内企业间联盟构建合作共赢的模式，整合上下游资源，能够更好地为企业服务。

二、技术创新，打造企业核心竞争力

我国长期以来"高投入、高消耗"的经济增长模式对环境造成了极大的破坏，环境承载力持续下降，能源与环境成本急剧上升。技术作为社会进步、企业发展的主导力量，在经济与资源环境协调发展中发挥着重要作用，在当前我国经济转型的背景下尤为重要（何小钢，2015）。对于企业来说，在保护环境、节约能源的社会需求和政策背景下，技术创新能力的提高可以帮助企业尽快适应环境监管的强度，使企业实现与政策框架相适应的快速发展（Jin et al.，2019）。随着绿色生产理念的盛行，企业开始越来越多地引入绿色技术。

绿色技术通常被定义为，在产品生产和提供服务的过程中，遵循生态原理和生态经济规律，减少资源消耗，并将环境影响降至最低的技术（Jin et al.，2019；曹霞和张路蓬，2015）。同时，绿色技术的应用也是企业自身发展的必然要求。大企业采用绿色技术是对自身社会责任感的彰显，而对于小企业而言，绿色技术可以降低企业的不确定性和风险（Sáez-Martínez et al.，2016）。绿色技术应用可以提高产品价值，为企业赢得更多的利润（葛晓梅等，2005；钟晖和王建锋，2000）。因此，在外部环境和内部发展要求的共同作用下，企业进行技术创新、发展绿色技术是当下社会的大势所趋。

（一）冷暖之间，让世界爱上绿色制造——格力电器

珠海格力电器股份有限公司（以下简称“格力电器”）作为制冷领域的领军企业，不断革新制冷技术和设备以提升能源利用效率，在2013年率先承诺淘汰含氟制冷剂，并对家用和商用空调生产线进行改造；现有的30项国际领先技术和成果中，2项技术被列入国际“双十佳”最佳节能技术目录，5项入选《国家重点节能低碳技术推广目录》。凭借绿色智能技术和设备的革新，格力电器推动了制冷行业的绿色发展，为中国乃至世界制冷领域的节能减排做出重要贡献，是中国制造的榜样。

格力电器企业概况

格力电器成立于1991年，1996年11月在深交所挂牌上市，现已发展成多元化、科技型的全球工业集团。在国内外建有15个生产基地，6个再生资源基地，拥有9万多名员工。

格力电器自2005年起连续15年领跑全球空调市场占有率，连续8年国内中央空调市场第一；2019年实现营业总收入2005.08亿元，净利润246.97亿元，纳税157.90亿元，连续13年位居中国家电行业纳税第一；累计申请国内专利73259项，发明专利36738项，国际专利2319项，发明专利年授权量连续四年位列全国前十，2018年《福布斯》发布的“全球上市公司2000强”名单，格力电器位列294名，荣获“2018年度最受赞赏的中国公司”第二名。居家电行业之首。

1.做法与成效

有人说空调是近代世界上最伟大的发明，它将清凉带给人们，不再“赤日炎炎似火烧”，极大地提高了人类的工作效率，显著减少了高温引起的疾病与死亡，实现了食物和药品的低温储存与运输。也有人说空调是人类一项失败的发明。人们只不过获得了炎热夏季的短暂凉爽，却带来了严重的环境问题。据统计，在全球范围内，空调设备每年的耗电量约占全社会每年总耗电量的12%，为生产这些电能排放了大量的温室气体。同时，大多空调使用的氢氯氟烃（HCFCs）制冷剂会造成臭氧层消耗和强温室气体的排放。温室气体排放增加会加剧全球升温，导致更多制冷设备的使用，形成恶性循环。因此，研发新的制冷技术，提升制冷设备能效成了空调行业发展的当务之急。

中国是世界第一大空调生产国、消费国和出口国，空调产量约占全球产量的 80%。但经历了连续三年的高增长后，2019 年国内空调行业市场低迷，竞争加剧，并且随着 2020 年空调能效新标准的实施，冷暖行业面临巨大难题，这使得绿色环保和变频高能效成为未来推动产业结构升级的两大重点方向。

在这一背景下，格力电器将科技创新作为连接经济发展与节能环保的纽带，将绿色战略置于公司发展战略中，致力于打造设备节能、运行节能、系统节能的绿色产品，积极推动绿色智能技术和设备的革新，积极参与制冷剂替代，同时携手上下游开展绿色集成生产，加速布局智能制造，用绿色制造，制造绿色，推进全社会节能减排。

核心技术自主研发，开发绿色产品

在核心技术方面，格力电器的管理者始终保持着共识：企业必须要走自主创新之路，才不会受制于人，才能够走得更长远。一直以来，格力对研发的投入不设上限，2012 年至 2019 年，格力不断加大研发力度，累计投入研发经费逾 310 亿元。受益于研发上的多年积累，格力电器在核心技术上取得了一项又一项的突破，包括双级变频压缩技术、光伏直驱变频离心机系统、磁悬浮变频离心式压缩机及其冷水机组等。这些技术创新的成果打破了国外制冷企业技术垄断的局面，使格力成为了“中国制造”走向“中国创造”的典范。

“电老虎”是大众对空调产品的形象昵称，减少耗电量还需要从产品入手。格力电器坚持核心技术自主研发，致力于打造“设备节能、运行节能、系统节能”的绿色产品，拥有中国制冷行业唯一的空调设备及系统运行节能国家重点实验室和国家节能环保制冷设备工程技术研究中心。格力依托自主创新工程体系，大胆创新，深度挖掘，不断突破，以适应不同市场使用场景，制造出更加高效节能的设备，其中30项科研成果相继通过国家住建部、原国家环保部、广东省科技厅、中国机械工业联合会等国内权威机构组织的科技成果鉴定，并被认定为国际领先水平。

为解决我国北方冬季取暖需求和燃煤导致空气污染的矛盾问题。格力研发出针对北方寒冷地区的低温空气源热泵供暖技术，采用双级增焓转子式变频压缩机，在高纬度严寒地区室外环境更是采用变频三缸双级变容压缩机，大幅度提高了制冷制热水平，降低能耗。该项技术被纳入《国家重点节能低碳技术推广目录》，2016年获国际能效合作伙伴关系组织（IPEEC）国际“双十佳”节能技术称号。国内使用该技术的热泵产品过去两年累计销售达15万台，海外销售累计达3万台，每年可实现节电约1.15亿kW·h，不仅满足于北方居民的取暖需求，更节约了煤炭资源，减少二氧化碳排放约8万吨[①]。

家用多联机市场占比高，增长快，但能耗问题突出。为此，格力电器研制出大小缸体切换压缩机，通过大小容积压缩机技术、可靠的

① 依据国家发改委《重点节能技术推荐目录》中的排放系数：2.64tCO_2/tce；0.697kgCO_2/kW·h进行计算。

容积切换技术，在高负载时两个气缸同时工作，低负载时大气缸空载不做功，只有小气缸压缩冷媒，电机始终高速工作，有效提高了低负载时的能效[①]。该技术目前已申请39项发明专利，并在2017年9月被中国制冷学会鉴定为“国际领先”。

针对大型公共建筑空调系统能耗高的问题，格力研发出一种新型高效变频离心压缩机。搭载高效离心机技术的冷水机组，利用大功率永磁同步电机直驱技术，取消了传统离心压缩机的增速齿轮。这一技术具有优异的节能特性，不仅能节省运行费用，还间接减少了发电等环节产生的废弃物排放，对环境保护具有积极的意义。样机经国家压缩机制冷设备质量监督检验中心检测，机组COP达7.09，IPLV[②]达12.05，均为世界领先水平。该技术具有突出的节能性、可靠性与适应性，累计申请专利102项，荣获2019年国家技术发明二等奖，并入选国际“双十佳”最佳节能技术目录。该技术在人民大会堂应用后，年均节电约31万kW·h，节能率达32%。按已售产品总量测算，每年可节电1.9亿kW·h，相当于每年节约标准煤5万吨，减少二氧化碳排放13余万吨。

随着光伏产品的广泛应用，光伏逐步与家居结合，格力研发出一系列光伏空调产品以推动空调，尤其是大型公共建筑空调的能源消费转型。2013年格力开发出搭载光伏直驱变频离心机系统的直驱变频空调系统，利用光伏发电驱动变频离心机进行制冷和制暖。作为国际首

① 在10%负载时，EER从1.85增加到4.25，提高了130%。外机为16kW，5个室内机，室外温度30℃，室内温度27℃，开一个房间空调，从晚上10点运行到第二天8点的条件下进行测试，格力新一代家庭多联机耗电1.8kW·h，而传统机组耗电4.7kW·h。

② IPLV（Integrated Part Load Value）即综合部分负荷性能系数，是用一个单一数值表示空气调节用冷水机组的部分负荷效率指标。

创，将光伏直流电直接并入离心机自带的变频器直流母线，光能直驱利用率可达 98%，相比传统的光伏发电加离心机模式，省去了上网和供电时的交 / 直流电变换，避免了交换时的能量损耗，可以提升效率 6%—8%，大幅减少建筑耗电，对公共建筑节能减排有重要意义。以在珠海地区已投入的一台 400kW 光伏变频离心机为例，设备每年 4—10 月运行，每天工作 8 小时，太阳能发电功率 340kW，可省电 57.12 万 kW · h，节省能源费用 55.28 万元 / 年。

保护环境，使用绿色制冷剂

作为空调制冷剂，氢氯氟烃（HCFCs）是破坏大气臭氧层的杀手之一，也是具有较强温室效应的温室气体。中国是空调产销大国，因此在空调制冷剂替代上面临很大的挑战。格力电器密切关注气候变化相关问题，积极承担我国在《蒙特利尔议定书》[①] 中承诺的加速淘汰含 HCFCs 制冷剂的任务，寻求环保制冷剂替代。格力从 2009 年和 2012 年开始，分别对家用、商用共 8 条空调生产线进行改造，仅环保制冷

① 《蒙特利尔议定书》全名为《蒙特利尔破坏臭氧层物质管制议定书》（Montreal Protocol on Substances that Deplete the Ozone Layer），是联合国为了避免工业产品中的氟氯碳化物对地球臭氧层继续造成恶化及损害，承续1985年保护臭氧层维也纳公约的大原则，于1987年9月16日邀请所属26个会员国在加拿大蒙特利尔所签署的环境保护公约。该公约自1989年1月1日起生效。蒙特利尔公约中对CFC-11、CFC-12、CFC-113、CFC-114、CFC-115等五项氟氯碳化物及三项哈龙的生产做了严格的管制规定，并规定各缔约国有共同努力保护臭氧层的义务并且必须分阶段削减含氯氟烃产量和消费量。凡是对臭氧层有不良影响的活动，各国均应采取适当防治措施，影响的层面涉及电子光学清洗剂、冷气机、发泡剂、喷雾剂、灭火器等。中国于1991年签署加入《蒙特利尔议定书》伦敦修正案并履行和承担相应的义务。2010年开始，我国履行《蒙特利尔议定书》中关于加速淘汰HCFCs的任务，要求2013年要将HCFCs的生产量和使用量冻结在2009年与2010年的平均水平，2015年时要淘汰10%用量，到2030 年要全面停止HCFCs在新产品中的使用。

剂替代这一项所做的贡献，就相当于每年减少二氧化碳排放 650 万吨以上，所采用的“R32、R410A 替代 R22[①] 在商用机组中的应用”项目在珠海顺利通过环保部、中国制冷空调工业协会等领导和专家的现场验收。格力电器作为首批完成 HCFCs 淘汰改造并获得《蒙特利尔议定书》多边基金支持的空调制造企业，开启了制冷领域环保新篇章，对减少全球温室气体排放也具有重大意义。

创新集成，打造绿色制造产业链

格力电器始终贯彻“让天空更蓝、大地更绿”的发展理念，把工厂制造与节能环保结合，使用无环境污染的材料和工艺，制造节能的产品，在产品全生命周期中降低能耗，为减少能源消耗和碳排放做贡献。

为了降低废渣废气废水排放，格力电器组织相关科研单位（中机生产力促进中心），联合上下游企业（广东欧派斯润滑科技有限公司等）与相关设备供应商（珠海格力智能装备公司、成都东方仪器有限公司等），围绕空调行业工艺流程和工序环节的绿色化改造升级，形成“高技术含量、高可靠性、高附加值”的绿色制造产业链（见图 15），按照绿色工艺、绿色设备、绿色能源等绿色制造方向，制定出一批既有工艺技术创新性，又有系统集成理念的综合性绿色标准，建设空调行业绿色制造系统集成示范性工程。经过不懈努力，格力单位产品综合能耗下降至 8.10 吨标煤 / 万台套，整体能效水平处于国内同行业前列。

① R32（二氟甲烷），是一种拥有零臭氧损耗潜势的制冷剂。R410A新冷媒由两种准共沸的混合物R32和R125各50%组成，是一种新型环保制冷剂，不破坏臭氧层。R22（二氟一氯甲烷）属于氢氯氟烃类，属于氟利昂家族的一员，制冷剂R22作为当今使用最广泛的中低温制冷剂，广泛用于往复式压缩机，作为工业、商业、家庭空调系统的制冷剂。

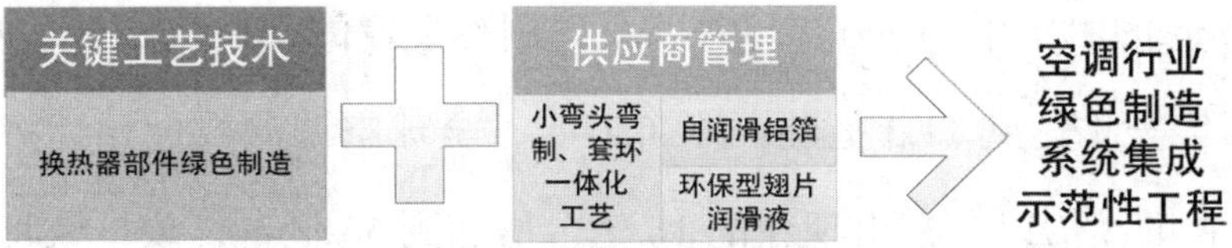

图 15　格力绿色制造产业链

换热器制造过程中，使用的原材料铜属于贵金属，存在成本较高的问题。格力联合上下游单位，通过对工艺流程技术进行改造革新，形成全新的换热器部件绿色制造模式和集成系统，采用小弯头弯制、套环一体机及相关制造技术。为减小材料磨损，格力联合上游铝箔供应企业和润滑油生产企业研发自润滑铝箔技术以及环保型翅片润滑液，大大降低了材料损耗，实现能耗节约，提高了整个空调行业绿色制造工艺技术水平。

在废旧电器处理方面，格力建立了产品、消费者、再生资源基地与原材料厂家间的循环发展模式，成为国家废旧电器电子产品生产者责任延伸首批试点单位之一。格力将废旧家电拆解产物分为可再生与不可再生，前者作为原材料流通至下游产业，后者按照国家相关部门要求交付有回收资质的厂家做无害化处理。这一举措让格力成为绿色产业链和绿色回收方面的标杆企业，对推动整个家电行业再生资源产业发展，促进电器电子产业绿色转型具有重要意义。

2.关键成功要素总结

把握行业发展诉求进行生产技术革新

国际能源署（IEA）在 2018 年发布的《制冷未来》（*The Future of*

Cooling）中指出，1990 年以来，全球制冷造成的碳排放增加了两倍，2016 年全年达到 11.3 亿吨；到 2050 年，全球空调的数量预计将增长为现在的 3 倍以上，由现在的 16 亿台增加到 56 亿台，碳排放将会增加 2 倍多[①]。空调数量增加带来的能源消耗与温室气体排放增加，引起全球升温加剧，炎热的气温又将导致更多制冷设备的使用，形成恶性循环。加之传统生产方式使用的空调制冷剂多是消耗臭氧层物质和强温室气体，制冷行业面临的环境压力和应对气候变化的压力与日俱增。突破传统生产模式、研发新的制冷技术、提升制冷设备能效成为空调行业势在必行的转型方向。格力电器正是在这一背景下化挑战为机遇，坚持核心技术自主研发，打造出一系列“设备节能、运行节能、系统节能”的绿色产品；在 2013 年即率先承诺淘汰含氟制冷剂，并对家用和商用空调生产线进行改造；从研发制造到废旧回收，对产品全生命周期进行绿色升级改造，使用绿色材料，实现绿色转型。

坚持绿色制造引领行业转型

为了厘清各项工序流程中的能耗、浪费、污染等问题，格力率先牵头行业上下游企业、生产制造单位、第三方平台、科研机构等，对空调换热器制造过程进行全方面梳理，围绕关键工艺进行突破。通过工序合并、流程再造、绿色工艺、绿色材料等技术应用，系统开展绿色工艺革新工作。通过实施绿色制造关键工艺技术装备产业化，格力

① 国际能源署（IEA），https：//www.iea.org/futureofcooling。

打造出《空调换热器制造绿色关键工艺系统集成》示范性工程，引领行业的绿色发展转型，形成具有“高技术含量、高可靠性、高附加值”特点的绿色制造产业链。通过自身绿色制造系统的技术革新，格力电器打造出引领行业发展、具有推广潜力的空调换热器绿色生产新模式，为有力推动行业实现绿色发展、打赢“蓝天保卫战”注入新动能。

坚持绿色低碳的发展理念，利用品牌优势引领传播

中国是世界第一大空调生产国、消费国和出口国，空调产量约占全球产量的80%。作为制冷领域的领军企业，以及制造企业典范，格力始终坚持绿色低碳的发展理念以及“中国制造”的典范，长期思考资源消耗与城市社会发展的可持续性，主动承担社会责任，将绿色低碳理念植入公司发展战略。以“合理使用能源，提高能源利用效率”的能源方针为指导，以研发制造高效低耗的新型制冷技术与设备为己任，将工厂制造与节能环保相结合，积极参与制冷剂替代，并推动产业链上下游践行低碳环保，促进了制冷行业的绿色发展，让人类的“冷”不再以地球的“暖”为代价，树立良好的企业形象。格力电器连续多年位列“中国品牌价值500强”家电行业榜第一位，具备独特的品牌优势，以占据优势的品牌为稳固的根基，格力建立起良好的消费者认可度，也正是借助其品牌优势，格力积极参与各种环保公益，引领和传播低碳发展理念。

（二）精益求精，高效电缆点亮万家灯火——江南电缆

无锡江南电缆有限公司（以下简称“江南电缆”）专心、专注、专业于电线电缆研发、制造和销售，技术水平先进，管理模式全面，绿色制造理念突出，推动了行业整体进步，在节能减排、绿色发展方面取得了突出的成绩。

江南电缆企业概况

江南电缆创始于1985年，位于国家电线电缆产业基地——江苏省宜兴市官林镇，是集电线电缆研发、生产、销售于一体的国家重点高新技术企业，是中国制造业500强、中国民营制造企业500强、中国线缆行业竞争力企业10强、中国机械工业500强、中国能源集团500强企业、中国质量诚信企业。母公司江南集团于2012年4月在香港上市。

近年来，江南电缆产值、销售、利税等主要经济指标始终以较高的速度稳定增长，总资产超过80亿元，现有国内外先进的生产、检测设备1500余台套，是国家电网、南方电网、中石油、中石化和五大发电集团的战略供应商。江南电缆的产品广泛应用于国民经济各个领域，获得了CE（欧洲统一）、SABS（南非国家标准局）、RoHS（关于限制在电子电器设备中使用某些有害成分的指令）、CB（国际电工委员会电工产品测试证书互认体系）和德国莱茵TUV（技术监督协会）等国际认证，先后在北京奥运、上海世

博、南京青奥、西电东输等多项国内重点工程项目中使用。

江南电缆是国际大电网组织电缆专委会电缆企业唯一的中国区代表，是全国电线电缆、裸电线、电气安装等标委会成员，主导及参与了64项国家及行业标准的制定。2017年，江南电缆被工信部认定为首批绿色工厂，也是行业内首家发布并连续发布温室气体核查报告的企业。

1.做法与成效

电线电缆产业是工业基础性行业，产品广泛应用于能源、交通、通信、汽车、石化等行业。中国是全球电线电缆制造规模最大的国家，电线电缆行业生产厂商众多：根据国家统计总局数据，“十一五”末我国电线电缆行业内的大小企业已经超过9000家，现今更是远远不止该数目。成千上万的电线电缆企业中，只有2000多家企业达到规模级别，行业集中度较分散的同时，产品结构也出现失衡，高端产品研发能力不足，大量资本涌入低端电线电缆市场直接导致了低压电线电缆领域的产能过剩，同时引发低端市场非理性价格竞争，行业利润率较低。因此，向高端产品市场转型升级已经是线缆企业迫在眉睫的重要任务。

我国是全球电线电缆制造规模最大的国家，但是近年来电线电缆行业所面临的产业过剩难题逐步凸显。行业门槛低、高端市场不足限制了我国线缆企业在国际市场的发展，促使线缆企业升级改造。在这一过程中，江南电缆也如诸多线缆企业一样面临着能耗大、资金有限等一系列问题。为解决这些问题，通过淘汰落后生产设备和工艺，应用国内外先进节能技术装备，江南电缆对现有生产设备进行了改造升级，成为其节能降耗、转型发展的突破口，从而将能耗资金节省到产品研发与质量提升中，形成企业优势以突出重围，同时融入绿色发展理念，对我国电线电缆工业发展起到科技示范和推进作用。

改造升级，开展全方位技术节能

随着传统生产方式越发难以顺应行业发展和环境保护诉求，江南电缆厂意识到技术改革对于企业未来发展的重要性。为提高生产效率，江南电缆在 2014 年至 2015 年实施了电线电缆生产线节能技改项目。首先是淘汰高耗能的生产设备 7 台，安装国内先进生产设备 17 台；其次是在全厂范围内安装电能在线监测仪 52 台，安装变频器及控制器 6 台。相比改造前，改造后实现节约用电 553.21 万 kW · h，折合节约 1825.29 吨标煤。在此基础上，江南电缆还实施了交联机氮气供应设备节能环保改造项目，新增设施包括 $30m^3$ 1.7Mpa 低温液氮储槽 1 台，$1000Nm^3/H$ 空温式蒸发器 2 台、气体调压保护装置 1 套及 TTS 液位远程监控装置 1 套等，原有的 4 台制氮机组作为备用设备。该项目建成后每年节电 100 万 kW · h，折合 330 吨标煤。

除了生产设备的技术改革外，江南电缆对厂区也进行了最大限度的节能潜力挖掘。2015 年 12 月，江南电缆在厂区屋顶建立了分布式光伏发电项目，自发自用余电上网，规划容量分别为 3.55 MW 和 3.26 MW。2016 年 9 月起逐步完成并网发电，年设计电量为 600 万 kW · h，按等价值计算折合标煤1980吨。2015年，江南电缆用4吨的天然气锅炉淘汰替代了原6吨燃煤锅炉，当年完全停用了燃煤，工厂餐厅已将原燃气灶具100%改造为蒸汽灶具，完成天然气锅炉替代燃煤锅炉项目。

顺应市场，创新技术研发

提高产品技术含量一直是企业突围的重点：一方面，先进设备能提高工艺制造水平；另一方面，高能耗设备的退出也为降低成本和产品研发腾出空间。致力于创新技术的发展，江南电缆建立了产学联盟，推进绿色制造、智能制造的实施，同时依托先进的科研平台进行技术改进、研发，以满足市场发展和安全需要等多种产品需求。

江南电缆研发的智能电网用低碳高效高压直流电缆，比等压等截面交流电缆传输容量增加20%，外径减小30%，可用于海底、城市等远距离大容量直流输电；效率高、线损小，在风力、潮汐等新能源中可直接使用，无须逆变和整流；用于不同频率网之间的联网，可避免交流电晕，降低主干线与电网间的短路电流；突破了聚合物绝缘空间电荷聚集效应和技术瓶颈，填补国内空白，将提升电缆产业和输电技术发展，位于全国电缆产业前列。

在电线电缆制造的挤出环节，江南电缆颠覆性地以双组分室温硫化技术替代传统的高温硫化，减少电线电缆外径15%—40%，降低电线电缆成本3%—15%，生产效率提高了6%—15%，节省用电量80—250kW · h/km，使现场施工接头和修补后的线路完整性成为可能，为其提供了完美解决方案。

针对电线电缆生产、检测的实际情况，江南电缆不断提高设备的智能化水平：一方面通过引进国内外一流的生产和检测设备，提高智能化设备的比例；另一方面进行装备的自主开发和更新改造。江南电缆在2015年至2017年研发了一种适合电缆剥线、适用于任何电缆盘的电动驱动设备；自主研发了亚洲唯一的"电缆长期老化试验系统"进行电缆材料的长期老化、可靠性、模拟寿命性能试验；还开发了"架空模拟应变试验系统"，以实现集中控制、数据自动实时采集、数据分析、数据实时上传等功能。

并购重组，助力企业转型发展

江南电缆将并购重组作为转型发展、结构调整的重要方向。母公司江南集团有限公司2012年在香港上市，利用上市平台，以产品差异化、市场差异化、区域差异化为原则，开行业先河，在南非注册成立SA Asia Cable Ltd.（南非亚洲电缆有限公司），同时，新建无锡新苏能电力科技有限公司，2012年收购江苏中煤电缆有限公司，2015年收购江苏凯达电缆有限公司和无锡市新阳光电缆有限公司；盘活利用闲置资产，2017年通过司法拍卖整体收购占地超过159亩的江苏广腾重工机械有限公司，并投资5亿元用于6kV以下智能配电与用电用高可靠性电线电缆项目。

这些优势企业的收购为江南电缆的发展注入了新的合力，也推动了行业的结构调整。江南集团和江南电缆内部进一步优化资源配置、生产组织方式和企业管理模式，整合优质人员、设备、设施等资源，集成同类优质产品，形成了资源共享、优势互补、任务协同的规模化、专业化的生产格局，推动了江南电缆公司结构调整，从低端产品向高端产品转型、从低端市场向重点客户市场转型、从生产制造型向生产服务型转型、从国内市场向国际市场转型。

内外兼修，加强内部与供应链管理

江南电缆坚持贯彻落实十八届五中全会“创新、协调、绿色、开放、共享”五大发展理念，牢固树立绿色制造、循环发展、低碳发展的理念，把绿色制造和智能制造作为各项工作的重中之重，并纳入公司的绩效考核体系，在产品全生命周期的各个环节进行绿色管控。

在内部，江南电缆致力于建立全方位的管理体系和信息平台。江南电缆长期推行“卓越绩效”管理模式，打造了以生产制造为中心，研发设计、生产管控、购销经营和制造服务全面集成的“新型五域”模型，实现多部门互联互通，并搭建了面向订单的经营全流程互联网融合创新平台。江南电缆建立了涵盖设备运行状态监控，能源环境采集、分析的能源环境控制中心与集控中心，实现对电能、天然气、压缩空气、采暖水、循环水和自来水等能源介质的自动监测。通过全过程的生产和质量管控，能耗实时监测，江南电缆公司内部数字化、网络化、智能化水平不断提高，能效水平不断提升。

在外部，江南电缆对供应、采购和废物处理进行了严格控制和检验：提高对能效、生产物质使用、可回收材料等的要求，优先选用可降解、可回收材料，对废弃产品进行回收再利用，提高原辅料重复利用率和有效利用率；对生产过程中产生的废弃铜进行全部回收再加工，对工业用水全部循环利用，其他物料与第三方联合回收，极大程度地降低了对环境的负面影响。最终，江南电缆构建出一个高效节能、绿色环保、环境舒适的人性化供应链。

在江南电缆的转型发展中，节能、环保、低碳意识不断增强，能源消耗显著减少，排放量明显下降，生产成本得到了有效的控制，产品质量不断提高。“十二五”期间，江南电缆完成节能量目标的166.5%，至2016年年底，完成节能量近4000吨标煤，取得了良好的经济效益和社会效益。

2.关键成功要素总结

对市场困境的破解和对高质量产品的追求

企业所处市场状况是其行为决策的主要依据。电线电缆产业是我国的工业基础性行业，也是电气化、信息化社会中必要的基础性产品，但目前国内电缆行业发展不成熟，重量轻质，产业集中度低，同时龙头企业的垄断也致使电线电缆市场竞争激烈。对江南电缆而言，由于产品的特殊性，拥有广阔的市场和发展潜力，同时也决定了企业提升质量和技术含量的发展方向。面对国内电缆行业低端饱和、高端发展不足、重量轻质、产业集中度低的市场现状，江南电缆厂准确把握市场机遇，进行设备节能减排升级，向绿色、高端电缆转型发展，从而成功实现了困境突围。

激发节能潜力和技术优势

在节能减排的大背景下，江南电缆挖掘自身节能潜力，通过节能降耗、技术升级不断对生产流程进行改造和革新。依靠雄厚的研发平台和行业领先的研发设备，基于丰富的技术和创新经验，江南电缆实现了从低端产品向高端产品转型，从低端市场向高端客户市场转型，更加注重产品的技术含量以及产品质量。同时，通过智能化手段的应用，江南电缆对电线电缆生产制造系统性节能降耗集成技术进行了研究，将信息技术与传统电缆制造相融合，以智能化手段有效提升了电线电缆生产效率和质量。

并购重组，推动行业结构调整

企业所拥有的发展平台是其绿色战略制定的重要基础。面对电线电缆产业集中度低、竞争激烈的市场格局，江南电缆借助母公司的上市平台，以产品差异化、市场差异化、区域差异化为原则，开行业先河，将并购重组作为转型发展、结构调整的重要方向；而优势企业的收购为江南电缆的发展注入了新的活力，也推动了行业的结构调整，优化资源配置、生产组织方式和企业管理模式，形成了资源共享、优势互补、任务协同的规模化、专业化的生产格局。

（三）攻坚克难，走钢铁行业的绿色道路——安阳复星合力

安阳复星合力新材料股份有限公司（以下简称“安阳复星合力”）本着节能减排的初心，作为冷轧带肋钢筋研究与开发的“技术先锋”，秉承“坚持自主创新、引领行业发展”的文化理念，不断进行技术创新和工艺优化，开创了高延性冷轧带肋钢筋大型化、连续化、自动化生产的新时代，成为该项技术产业化发展的领跑者；持续提升产品核心竞争力，用实际行动助力中国建筑工程产业绿色、高质量发展。

安阳复星合力企业概况

安阳复星合力成立于2005年。作为河南省的一家民营企业，安阳复星合力已成为我国目前最大的高强高延性钢筋技术研发、生产销售、装备制造专业厂家。作为国家高新技术企业，同时拥有81项国家专利，24项发明专利，参与9项国家及行业标准的制修订工作，安阳复星合力已成为钢铁技术产业化发展的领跑者。

在十余年的发展和积累中，安阳复星合力自主研发了高延性冷轧带肋钢筋新技术、新钢种、新装备，实现了冷轧带肋钢筋的升级换代，完成从“中国制造”到“中国创造”的技术飞跃，填补了我国细直径高强钢筋的一项空白，为采用冷轧热处理方式生产高强钢筋开辟了一条新路。安阳复星合力曾先后荣获河南省名牌产品、省级企业技术中心、省科技创新示范企业、全国建设行业推广证书、河南省新技术新产品推广证书，其高延性冷轧带肋钢筋生产装备已被列入国家火炬计划项目。

1.做法与成效

钢筋作为建筑用重要材料之一，广泛用于房屋、桥梁、道路等土建工程设施，而其强度等级和质量水平对节约资源、降低能耗有着直接影响。随着我国城镇化的不断深入和建筑行业标准逐步提升，对建筑安全性提出了更高要求，对钢筋的功能性要求也越来越高，我国钢筋品种也在向着耐腐蚀性、耐低温、复合化等各种功能性方向发展，以适应不同服役环境的特殊要求。在建筑中使用高强钢筋，既可以降低建筑全生命周期的钢材消耗，同时又可以提高建筑物的质量和安全可靠性。

然而，在产品性能上，强度和延性（伸长率）作为建筑钢筋的两个最重要的性能要求，往往不能兼得。冷轧带肋钢筋因其强度较高，在工程中不仅可以节约建筑钢材，同时还可以降低工程造价，却因其塑性差、延性低、工艺落后、规模偏小等缺点，在推广和使用上受到了一定限制。

在国内钢铁产能过剩，逐步淘汰落后钢筋的新形势下，安阳复星合力致力于冷轧带肋钢筋的研究与开发，不断进行技术创新和工艺优化，开创了高延性冷轧带肋钢筋大型化、连续化、自动化生产的新时代，成为该项技术产业化发展的领跑者。工艺创新的同时，安阳复星合力全方位推动节能减排，用实际行动为中国建筑工程产业的绿色、高质量发展和转型注入新动能。

技术创新，解决行业难题

传统冷轧带肋钢筋的延性偏低是我国钢铁行业推行高效节能所面

临的行业难题。安阳复星合力一直致力于冷轧带肋钢筋的研究与开发，通过工艺创新，研发出了一种新型冷轧带肋钢筋——高延性冷轧带肋钢筋，标志着冷轧带肋钢筋的升级换代，为采用冷轧热处理方式生产高强钢筋开辟了新发展路径。区别于以往的冷轧带肋钢筋，“高延性”钢筋伸长率大幅度提高，保证建筑工程的安全性和节能性。安阳复星合力自主研发的高速无头轧制、轧制与在线热处理相结合的生产技术，以 Q235 普碳钢热轧盘条为原料，通过优化变形延展率的工艺区间，提升轧制强化效果和成品横纵肋尺寸保障能力；通过再结晶退火热处理工艺，消除残余应力，修复内部晶体缺陷，提高钢筋延性，提升钢筋综合性能；无须添加任何微合金元素，能稳定、高效生产综合性能良好的 500MPa 级高强钢筋。通过该技术生产的带肋钢筋，其抗拉强度在 600MPa 以上，延伸率 14% 以上，最大力总伸长率（Agt 值）5% 以上，效率远超传统技术。

相对于传统冷轧工艺，该生产过程不需要添加合金，能够减少合金生产制造过程的相关能耗，从而间接实现二氧化碳减排。与 HRB400 热轧带肋钢筋相比，具有相同力学性能和规格的高延性冷轧带肋钢筋综合制造能耗吨钢可减少二氧化碳排放 22.21kg，吨钢节材 19.44%。

工艺创新，全方位节能减排

除了延伸率低，工艺环境落后、规模偏小等问题也一直困扰着冷轧带肋钢筋技术的推广。生产装备落后，导致产品质量难以把控，即使拥有工艺技术也不能确保产品的高效生产。为解决这一问题，安阳复星合力对生产装备进行了全方位的升级优化，进一步提升了钢材生产的节能环保性。

在满足工艺要求的前提下，安阳复星合力对生产工艺进行了整体优化布局：优化厂房基本参数，提高轧机平台高度，降低轧机平台与集卷筒落差，减少输送辊道长度，优化地辊线布局，减少地辊线长度，减少设备数量，高效生产；合理配置变压器容量，确保供配电系统运行于经济状态；在关键的热处理工序环节，采用大功率高效退火感应加热炉，具有良好的节电效果；优化公辅系统，润滑、液压站采用集中建站模式，工艺循环水采用变频水泵，空压机采用永磁变频技术，办公楼空调系统采用水源热泵，从而实现全厂的节能生产。

工艺上的创新，使得安阳复星合力站在行业技术的制高点，而装备上的飞跃，直接促进和保证了安阳复星合力的技术创新向现实生产的转化。工艺和设备的革新，共同促进了其产品性能大幅提升和节能环保效益的高效实现。

上下游配合，打造绿色行业链条

为推动绿色钢材的广泛使用，带动上下游行业共同绿色转型，在产业链管理方面，安阳复星合力通过采用《与顾客有关的过程控制成型》和《采购控制程序》的采供制度构建了绿色供应链体系。

通过为下游企业提供产品建议、为上游企业提供技术建议等方式，安阳复星合力推动上下游企业的能效得到改进，促进了行业的绿色发展。对于下游的建筑、交通（高铁）领域相关企业，安阳复星合力为其提供产品建议，使用高性能的高延性钢筋，提高钢材使用效率，提高施工安全系数，在建筑和高铁建设方面取得了良好的减排效果。而对于生产中产生了废钢和氧化铁皮，安阳复星合力统一进行回收出售，达到废料再制造和再利用的效果，实现环保目的。

在工艺、生产和采购等方面的绿色措施，使得安阳复星合力实现了良好的节能减排效果：2016 年至 2018 年分别实现 3825.86 吨、4226.73 吨和 5657.30 吨间接二氧化碳减排；采用安阳复星合力所生产的高延性冷轧带肋钢筋的建筑项目都实现了极大的环保效益。

2.关键成功要素总结

顺应行业发展的时代要求，化挑战为机遇找准突破口

在应对气候变化、实施节能减排的大背景下，钢铁行业实施供给侧结构性改革已是大势所趋，扩大有效供给成为钢材行业的必然实践。钢筋作为建筑用重要材料之一，一直都处于城市化建设和节能减排的矛盾中心地带。而在建筑行业标准逐步提升，建筑安全可靠性持续受到关注的市场环境下，钢筋品种也向着耐腐蚀性、耐低温、复合化的多功能性方向发展，以适应不同环境的特殊要求。与此同时，国家也推出了一系列政策，大力推广高效能钢筋应用。在深刻把握这一行业现状的基础上，安阳复星合力将挑战化为机遇，多年来致力于攻克冷轧钢筋的技术难题。传统冷轧带肋钢筋的延性偏低一直是我国钢铁行业高效节能的行业难题，安阳复星合力正是以此为突破口，通过工艺创

新，研发出高延性冷轧带肋钢筋，为采用冷轧热处理方式生产高强钢筋开辟了新的发展路径，成为技术产业化的领跑者。

坚持市场导向、技术立企的战略

安阳复星合力十年来始终专注自主研发钢筋生产技术，力求成为国内乃至世界高延性冷轧带肋钢筋及生产装备的领跑者，建立了以企业为主体、以市场为导向、产学研相结合的技术创新体系，优化科技资源配置，大幅提升了企业的自主创新能力。同时，安阳复星合力紧抓"高强度＋高延性"的行业技术要求，以新工艺技术创新为支撑，集研发、制造、生产于一体，创新性地采用冷轧热处理技术，最终实现了"国内首创""整体国际先进"和"单线冷轧速度国际领先"的产业升级。以技术带企业，以企业影响行业，安阳复星合力助力上下游企业和整个行业的绿色转型。

（四）勇立潮头，实现黑咖啡与绿的邂逅——苏州佳禾食品

作为一家以 300 多人创造 15 亿元人民币价值的食品企业，佳禾食品工业股份有限公司（以下简称"佳禾食品"）通过引进消化吸收再创新，以技术带动传统食品行业的发展，拥有最为先进的生产工艺，用最少的资源创造最大的效益，已和雀巢并驾齐驱成为全球植脂末供应商巨头，为食品行业节能降耗提供示范。

佳禾食品企业概况

佳禾食品创立于2001年，总部位于苏州市吴江区，是一家集植脂末、咖啡、固体饮料、食品配料的研发、生产、销售于一体的大型现代化食品企业。2005年与新加坡合资，成为中外合资企业。拥有亚洲超大型植脂末生产基地——吴江佳禾食品加工厂一座，和年产10000吨咖啡进口生产线，植脂末单日最大产能达700吨，每天产量可供世界冲调1亿杯咖啡。公司的核心产品是植脂末，已形成一个核心品牌“晶花”，两个重要品牌“ERIC爱立克”“卡丽玛”，以及数十个产品系列。2016年国内调查显示，佳禾食品市场占有率第一，世界食品研究中心数据显示国内品牌收益占有率为16.96%，位列第一。2015年参与制定了植脂末的生产行业标准，成为业内当之无愧的王者。

1.做法与成效

近二十多年来，中国食品行业迅速发展，已成为国民经济的第二大支柱产业，对国民经济的发展有极大的推动作用，并已成为极具潜力的新的增长点。但值得注意的是，作为资源消耗大户，食品产品存在原材料投入量大、产出比低以及废气废渣量大等环境问题。然而，我国食品工业中各行业的平均规模小，小型、微型企业和小作坊占全工业的90%，大中型企业偏少，规模化、集约化水平低，“小、散、低”的格局制约了企业的大规模发展。在技术方面，生产工艺落后，产品收得率不高而能耗高，原料与固体废弃物综合利用程度低，粗放式生产严重阻碍了行业的可持续发展。

随着社会对食品行业节能减排的要求提升，面对行业节能减排困境，佳禾食品视环保事业为己任，引进先进技术，实施设备改造，从点滴做起，践行着生产绿色健康产品的理念。在产品的设计、制造、消费、回收、再制造和再利用环节，不断进行技术改进和能效改善，通过改进产品生产工艺的各个细节，达到高质量、高效率、低能耗的生产效果。近年来，通过这些措施，其能效水平得到了切实提高，减碳水平保持行业先进水平，为食品行业节能减排树立了典范。

引进装备，致力于技术创新

食品工业行业众多、产品复杂，尚有200余种工艺，某一具体产品的生产就会涉及诸多不同的工艺流程，以食品添加剂生产为例，按其功能划分尽管有23个类别2400个品种，不同工艺的能耗差别大，这给食品企业进行节能管理造成极大困难。作为亚洲超大型的植脂末生产企业，佳禾食品拥有众多产品生产线，涉及不同的生产工艺和流程。然而，就食品行业而言，生产工艺主要可分为“发酵生产”①和“食品加工”②两大类，这两种工艺尽管过程有所不同，但具有相似的能耗和污染排放环节，并会使用相似的生产技术和设备，如搅拌器、

① 发酵生产，即淀粉质（玉米、薯干、高粱、小麦、大米、木薯）为主要原料，经粉碎、液化、冷却、糖化、接种、发酵、分离、提取工艺，生产酒类与发酵产品。

② 食品加工，即以农副产品（粮食、水果、蔬菜、畜禽、水产品）为主要原料，经预处理、洗涤、加工、分离与提取、灭菌、包装工艺，生产食品产品。

电机、泵、空压机组、制冷机组、照明设备等电气装置与设备。这就使得食品生产过程中的能耗与其使用装置、设备、技术等紧密相关。因此，引进先进设备和技术，就成为佳禾食品实现节能减排的首要任务。

国外对植脂末的关注远远早于国内，生产技术也领先于国内水平。为追求稳定高品质且更为节能低耗的生产工艺，佳禾食品引进了先进的进口生产装备和管理技术，并且在此基础上致力于创新技术。拥有11条国内先进水平的喷雾干燥线，拥有先进的意大利全自动包装流水线和世界一流的检验设备，单日最大产能达700吨，每天的产量可供全世界冲调1亿杯咖啡。同时，佳禾食品还引入信息化管理技术，实行上线ERP（企业资源计划）系统管理和OA（办公自动化）系统，使得采购、生产、仓储、销售连为整体，形成一个完整的集资金流、信息流和物流于一体的自动化信息系统，实现了信息化生产。以咖啡生产为例，生产线全程密封，采用工业计算机系统进行生产控制，千吨级生产线仅需配备数人即可完成操作。先进的技术设备与自动化控制技术的配合使得佳禾食品成为国内行业中技术最先进的企业之一，成功开发出包括冷溶、速溶等专用植脂末系列产品。目前，佳禾食品已拥有国家授权专利总数22项，其中发明专利11项，实用新型专利10项，外观设计专利1项，并且拥有江苏省认定企业技术中心。

同时，以国际领先水平的乳化技术、乳化设备和植脂末制造的丰富经验为基础，佳禾食品在引进进口设备的同时又对原有的设备进行了淘汰和更替，大大提高了自动化水平和能效水平，以实现更高水平的节能生产。通过引进功能比较齐全、操作比较方便的FBK-14华联封口机，可实现按照编程自动完成包装袋袋口的除尘、修剪、缝合、减线辫、包纸带、剪纸带、热封、压合、计数等工序，降低了操作工的劳动强度，减少物料损耗，节约了电能和高温机油消耗。特别是引进了意大利全自动包装机替代了原有的华联封口机，该包装设备达到了全自动化，大大降低了生产成本，提高了产品的质量和生产效率，能效水平大幅提升。

改造装备，提高生产能效

除了直接引进国外先进设备和技术解决工艺落后问题，佳禾食品也在原有设备基础上进行改造，实现低成本的节能降耗。结合对多年生产经验的总结，佳禾食品持续致力于多方面的能效改善，注重践行节能、低碳的生产方式，使用清洁能源、废气回收，不断进行节能技改和工艺改造，减排水平已位于行业先进水平。

在机电设备方面，佳禾食品在产品生产过程中所使用的机电设备全部已安装变频装置，实现了电机软启动，减少了电动机的机械部分磨损，实现电机转速连续无级调速，并且可以根据介质的温度、流量、压力等参数实时进行调节、控制，运行效率较高，产生了明显的节能效果。同时，也对燃煤锅炉进行替代改造。利用燃烧器（直接加热）取代燃煤锅炉，并对散热器改造，直接加热空气进入喷雾塔，并对蒸汽冷凝水以及废热进行回收利用，充分利用热量和自来水，取得了显著的节能效果，也保证了生产过程的安全性。其中，热风炉取代燃煤锅炉项目达到了目前国内先进技术水平，已于2012年申报专利“一种燃烧器以及使用该燃烧器的喷雾干燥塔”①。此外，佳禾食品还将车间的排风风机换成顶裕节能型风机，车间及锅炉房的风机及电机也进行变频改造，节电效果明显（见图16）。

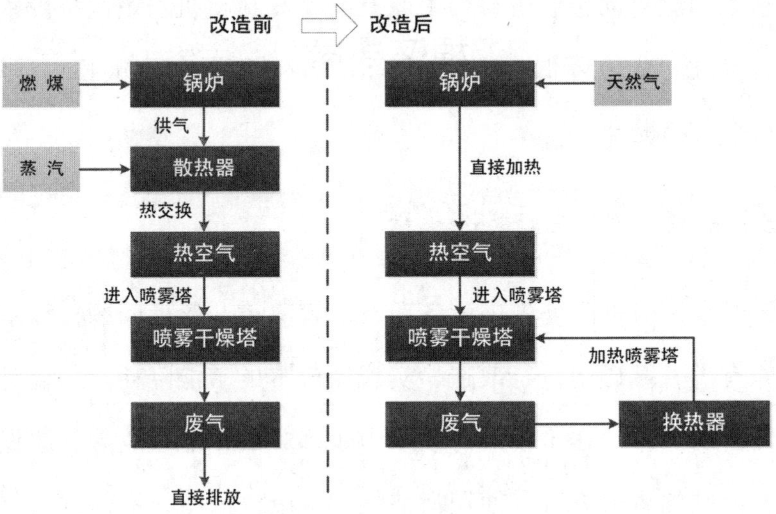

图16　节能改造图示

在技术革新和引进的基础上，佳禾食品2018年植脂末单位产品等价能耗为104.21kgce/t，单位产品当量能耗为90.05kgce/t，咖啡单位产品等价能耗为531.34kgce/t，单位产品当量能耗为460.97kgce/t，并且近三年单位产品能耗呈持续改善状态。

规范上游，打造绿色供应链

除了食品行业存在的共性问题，佳禾食品作为植脂末制造商还面

① 专利名称：一种燃烧器以及使用该燃烧器的喷雾干燥塔，专利号：ZL201120381453.5。

临着产品消费升级等市场压力。自20世纪80年代雀巢咖啡进入中国市场后，以速溶咖啡为代表的植脂末产品[①]消费极大地推动了国内植脂末工业的发展，已成为我国食品工业的重要组成部分。然而在消费升级的大环境下，消费者对植脂末产品的口感、风味、营养价值、安全等各个方面都提出了更高的要求。携带20年所积累的市场和生产优势，佳禾借助信息技术优势，正逐步打造植脂末全产业链的生态平台。

以绿色采购理念为指导，不断改进和完善采购标准，佳禾食品构建了完善的绿色供应链管理系统。借助信息化管理平台，在关注效率、使用要求、价格的基础上，增强了对能效、有害物质使用、可回收材料等的要求。加强供应商的管理，要求供应商在生产过程中实现无害化、洁净化、资源化、低碳化，引导供应商减少各种原辅材料和包装材料用量，用更环保的材料替代，避免或减少环境污染。同时，佳禾食品还建立了基于产品全生命周期的绿色设计理念，整合环境数据资源，在强大的研发能力的基础上，不断提升绿色技术创新能力，采用先进适用的工艺技术与设备，减少或者避免生产过程中污染物的产生和排放。此外，通过建立生产者责任延伸制度，主动承担产品废弃后的回收和资源化利用责任。对内建立了完善的全套环节的回收机制，增加了设备，满足绿色回收体系的建立和运行。

---

① 植脂末又称奶精，是以精制植物油或氢化植物油、酪蛋白等为主要原料的新型产品。该产品在食品生产和加工中具有特殊的作用，同时也是一种现代食品，目前已广泛应用于咖啡、奶茶、烘焙食品、麦片等食品的生产加工中。

2.关键成功要素总结

对行业发展问题的清晰认识

在全社会绿色转型发展的号召下，食品行业的“小、散、低”的格局以及零散复杂的工艺流程制约了企业通过传统技术研发方式实现节能降耗，更不能通过简单的减少投入来减少资源消耗。但正是在如此有限的转型空间下，佳禾食品为类似企业做出了范例。企业的绿色发展战略是企业结合时代背景对自身的改革。尽管食品生产的过程烦琐，涉及不同的环节和技术，但是佳禾食品通过仔细分析，准确地识别出设备和技术两个重要的节能环节。设备和生产技术是所有食品生产都包含的环节，通过对设备和技术的改造替换，所有产品的生产都可以实现低资源消耗和更高的产出效率，一举两得。

以技术为核心的企业发展战略

尽管食品行业并非技术导向型，但食品的生产加工都离不开设备和技术，因此技术将是食品行业节能降耗提高产出的关键。佳禾食品坚持以科技创新带动传统食品行业发展的经营理念，在最初植脂末生产技术被国外垄断的情况下，通过技术研究和产品研发，一举填补了国内市场的空白。掌握了技术就掌握了主动权，纷至沓来的订单让企业进入了快速发展期，如今佳禾食品已和雀巢并驾齐驱，成为全球植脂末供应商巨头。2015 年更是参与制定了植脂末的生产行业标准，成为了业内当之无愧的王者。

敢为人先的企业文化和勇于尝试的企业精神指引

企业发展战略能体现出其内在的企业文化和内涵。正如作为亚洲超大型的植脂末制造商，佳禾食品不仅拥有先进的植脂末生产技术和设备，并且早在成立之初就开始构建信息化的生产网络，采用ERP软件，并且始终紧跟智能制造发展趋势，不断投资建设和改造智能化生产线，所使用的咖啡生产链是最新的咖啡冷萃技术，其速溶咖啡智能生产车间被评为江苏省示范智能车间。

（五）去糟取精，让废气为环保赋能——北大先锋

作为专业设备供应商，北京北大先锋科技有限公司（以下简称“北大先锋”）围绕环保节能、简单易操作等方向，不断为探索、坚持推进我国工业领域的“尾气→净化→化工→固碳”纯绿色工艺流程发展。将变压吸附引入工业生产，协助用户完成节能减排，实现资源高效利用，成为变压吸附领域的领航人。

北大先锋企业概况

北大先锋作为国际著名学府北京大学下属的高新技术企业，成立于1999年，目前注册资本5000万元，2019年实现营业收入4184亿元。北大先锋专业从事变压吸附气体分离技术研发和成套装置设计制造，以及高效吸附剂和催化剂的生产。拥有6个全资、控股子公司，3个参股子公司，2个生产工厂，多个研发中心及中

试基地，产品涉及工业气体、节能环保、国防军工材料等领域。作为国内变压吸附领域的领军企业，市场综合占有率达65%，产品已远销到美洲、欧洲、亚洲、非洲等地区。北大先锋立足于工业气体领域，面向节能环保领域发展，积极参与环境保护事业，是“中国环保机械行业协会”及“中华环保联合会”的会员单位，以及“中国钢铁低碳清洁产业创新战略联盟”的副理事长单位。自成立以来，曾获国家火炬计划项目、国家重点新产品，多次连续被评为国家级高新技术企业称号。

1.做法与成效

随着我国经济转型发展，钢铁、冶金、化工等工业行业的环保压力与日俱增，工业行业对环保技术和设备的要求不断上升，对混合气的选择性分离需求迫切。气体分离技术是工业化发展的产物，是将混合气体中各组分用深冷法、吸附法、膜法等进行分离的过程，对于最大限度地降低工业废气的污染和危害具有重要作用。其中，变压吸附分离与净化的技术（PSA）是近几十年来在工业上新崛起的气体分离技术，具有能耗低、投资少、流程简单、自动化程度高、产品纯度高、无环境污染等优点，是各种气体分离与回收的较理想的方法，广泛应用于钢铁、化工、有色冶炼、环境保护等重要工业领域。

然而，国内气体行业起步较晚，主要技术和资金起初都集中在几家大型跨国公司的手中。但近年来，我国化工行业的发展为气体产业提供了机遇，国内变压吸附气体分离技术发展迅速，逐步超越和引领国际先进技术水平。在这其中，北大先锋的作用功不可没。以北京大学化学院谢有畅教授吸附课题组为创始团队的北大先锋公司，拥有独立自主知识产权，并以此为基础开发了相应的变压吸附工艺，专业从事变压吸附气体分离技术研发和成套装置设计制造，以及高效吸附剂和催化剂的生产，技术过硬、核心产品性能优异、服务专业到位，是备受业内推崇和尊重的企业。凭借强大的科研力量和雄厚的研发实力，并结合工程实践经验，在工业尾气综合利用方面取得积极成果，创造了工业尾气高附加值利用的新模式。该技术的成功工业化应用对我国工业生产企业节能减排具有重要的现实意义。

变废为宝，将污染回收利用

一氧化碳（CO）作为重要的化工基础原料，在工业生产中具有广泛用途，同时也是碳一化工的重要原料，然而传统利用方式效率低下造成了大量浪费，大量的 CO 排放到空气中，不仅浪费了资源，更污染了环境，给社会公众的健康造成威胁。为此，如何高效回收 CO 成为亟须解决的行业问题。

1988 年，时为北京大学化学院教授的谢有畅，研究开发出对 CO 有高选择性的铜系吸附剂。这种新型铜系吸附剂，其吸附容量和选择性大大高于文献已报道的吸附剂，被评价为已知最好的一氧化碳吸附剂。经过反复实验研究，北大先锋团队发现通过特定的吸附剂 PU-1 吸附分离 CO，可以大规模低成本将此类尾气中的 CO 提纯，进一步合成化工产品，如利用 CO 及 H_2 合成乙二醇进一步合成聚酯，大幅度提高 CO 的利用率。这一自主研发的 CO 吸附剂 PU-1，技术指标达到国际领先水平，对 CO 有极高吸附容量和选择性，适用于各类富含 CO 的混合气中分离提纯 CO。

依托 PU-1 吸附剂，利用先进的工艺流程与技术装备，北大先锋首创变压吸附提纯 CO 技术及成套设备，突破了 CO 与 N_2 分离的世界性难题，获国家科技发明二等奖等多项殊荣。这一技术具有产品成本低、纯度高、收率高、原料气适用性强、操作条件温和、负荷调节方便等特点，可为用户带来巨大的经济效益，具有极强的市场竞争力。北大先锋的变压吸附分离 CO 装置已实现市场占有率约 90%，近三年承接了 20 余套大型变压吸附分离 CO（及 H_2）装置，是国内外业绩最多的企业，在我国碳一合成领域形成了强大的影响力，后续产品涉及乙二醇、丁辛醇、醋酸、醋酐、草酸、草酸酯、二甲基甲酰胺、碳酸二甲酯以及光气合成进一步生成 TDI、MDI 等（工艺流程示意见图 17）。

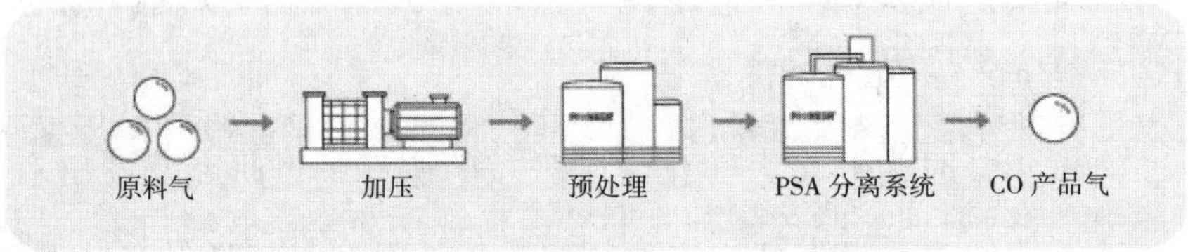

图 17　变压吸附分离 CO 工艺流程示意

在此之前，一些项目中的工业尾气因富含 CO，不可直接排放，只能以粗放的燃烧方式来使用，由于热值低、效率低，造成严重浪费和碳排放。北大先锋工业尾气 CO 综合利用技术，主要是通过对碳元素的固化和减少化石燃料的使用进而实现了碳减排。一方面，通过该技术，很多富含 CO 的工业尾气不再是低端的燃烧利用。例如，钢铁厂尾气、电石炉尾气、黄磷尾气等工业尾气中的 CO 价值巨大，不但可以合成化工产品，还可以大量减少碳排放。另一方面，利用尾气做化工还可以大幅减少化石原料的使用。通过 CO 综合利用技术的产业化应用，北大先锋近三年为社会带来的减碳增长百分比达到 25.7%，2018 年减碳量达 86.22 万吨。

目前，北大先锋是全球范围内承建变压吸附分离 CO 装置最多的供应商，包括最大的变压吸附气体分离装置群也由北大先锋承建。其“富含一氧化碳的气态二次能源综合利用技术”入选国家发展改革委《国家重点节能低碳技术推广目录》，“富含一氧化碳（CO）工业尾气资源利用成套设备”入选工信部与科技部共同发布的《国家鼓励发展的重大环保技术装备目录（2017 年版）》。

高效制氧，助力企业增产达效

氧气是重要的工业气体，广泛应用于工业生产各个方面。20 世纪 90 年代锂分子筛吸附剂出现，使得变压吸附空分制氧迅速发展成为一种低成本制氧新技术并开始得到广泛应用。作为北大先锋最早获得气体分离市场入场券的变压吸附制氧技术，2000 年夏天，北大先锋建成第一座变压吸附制氧中试装置，并首次提出了每立方米纯氧电耗仅为 0.35kW · h 的概念，明显低于当时的国内变压吸附制氧电耗标准 0.46kW · h/Nm^3。在这个项目中，从传统 5A 分子筛过渡到新型锂基分子筛时，工艺运行不稳定。北大先锋根据工程实际进行了工艺优化，针对扁平化吸附床设置气流分布器。设备经改良优化后，顺利出氧。这一优化成为其日后保证设备稳定运行的重要“武器”。在此基础上，作为成套设备服务商，北大先锋以其自主开发和生产的新型高效空分制氧吸附剂 PU–8 为基础，成功开发出变压吸附制氧成套技术，同时根据前期经验研发了独特的气流分布器，解决了大直径吸附的气流分布均匀性难题，实现了制氧装置的大型化。

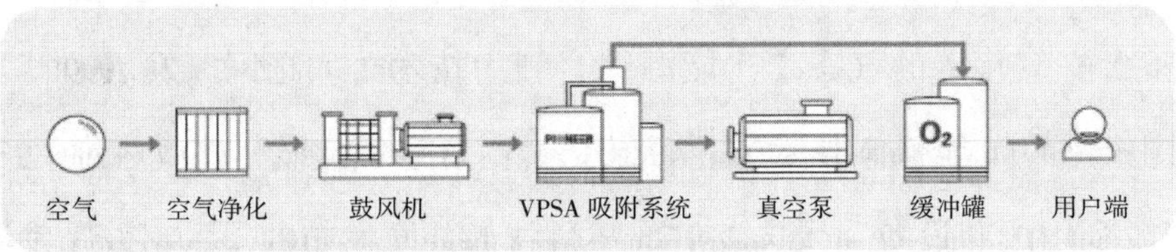

图 18　变压吸附空气分离 O_2 工艺流程示意

北大先锋所提供的变压吸附空气分离 O_2 装置采用了国际领先水平的新型高效空分制氧吸附剂 PU–8，工艺流程先进、性能指标优越、自动化水平高、配套设备性能可靠、质量优良，各项参数均达到国际先进水平（工艺流程示意见图 18）。已广泛应用于钢铁、有色冶金、化工、炉窑节能、环保、玻璃纤维、造纸等行业，市场占有率已达 65%。另外，通过技术改进，北大先锋研发出特有的气流分布器及新型的径向床吸附塔，分子筛装填量进一步减少，能耗大大降低，对产业节能做出了一定的贡献。北大先锋目前的最低能耗为标态每立方纯氧 0.31kW · h，比同类产品节能超过 15%。

近三年公司承建了近50套大中型变压吸附制氧装置及20余套小型变压吸附制氧装置，已为用户提供了百余套变压吸附空气分离O_2装置。在满足客户需求的前提下提供可靠、经济、合理的O_2使用方案，还可以设备租赁、现场供气等方式合作，还可利用PU-8高效制氧吸附剂对用户原有制氧装置进行技术改造，在国内变压吸附空气分离O_2领域占据了大部分的市场份额。2006年获国家教育部科技进步一等奖。截至2019年，北大先锋已累计建设180余套工业制氧装置，制氧规模高达900000Nm^3/h，规模水平跻身世界前三，大型VPSA制氧装置的数量更是占中国所有装置数量的70%以上，连续9年业绩行业第一。

攻坚克难，一揽子解决尾气污染

工业尾气不仅直接污染大气，而且对环境产生不可逆转的负面影响。因此，工业尾气的综合利用越来越受到重视。实际上，部分工业尾气本身蕴含较大的经济价值，以电石炉尾气为例，密闭电石炉生产1吨电石，要排放400m^3电石尾气，相当于220kg标煤。而若采用合适的利用方式，不但可以减少污染和碳排放，还可以变废为宝，实现节能减排的同时为企业创造更大的经济价值。

自创立就携带着天然创新基因的北大先锋，从技术创新投射到业务创新和经营策略上，即对工业尾气进行综合利用。借助工业尾气提纯CO技术的推广，同时为客户解决工业尾气中各类杂质与有毒有害物质的净化，这其中包括黄磷尾气的净化，各类工业废气的硫尘硝一体化等。为客户解决一揽子问题，不但可以减少污染和碳排放，还可以变废为宝，实现节能减排的同时，为企业创造更大的经济价值。

例如，黄磷炉尾气是CO含量最为丰富的工业尾气之一，具有组分复杂，杂质种类多的特点，尤其是磷的存在，导致净化难度高，下游设备易腐蚀，尾气实际利用率低。北大先锋成功开发出一种全新脱磷催化剂和成套催化脱磷工艺，可在黄磷尾气诸多杂质存在的条件下实现连续脱磷，工艺简单且催化剂无须再生。在此基础上，为用户提供了黄磷炉尾气净化及综合利用整体解决方案。该技术可低成本、高效地净化黄磷尾气中的磷杂质，净化效果远高于国家标准。

在钢铁厂尾气处理方面，钢铁厂尾气中富含CO及H_2等利用价值较高的组分。但从高炉煤气、转炉煤气中分离CO是一个国际性难题，北大先锋在成熟的变压吸附分离CO技术基础上，成功开发出针对性的工艺流程，形成了独有的高炉/转炉煤气分离CO技术。2013年，世界首套高炉煤气分离CO装置在华菱衡钢成功投产。同时，利用变压吸附技术，还可以从焦炉煤气中分离出高纯度H_2。

而电石炉尾气一般用于发电烧石灰、烧余热锅炉等，利用效率低，经济价值不高。利用北大先锋变压吸附分离CO技术，可以从电石炉尾气中得到高纯CO，用于合成具有高附加值的化工产品，为企业带来更大的经济效益。2012年，北大先锋设计建设的世界首套利用变压吸附技术从电石炉尾气中分离CO的大型工业化装置在新疆天业集团投产。

2.关键成功要素总结

对行业节能减排机遇的把握

市场行业的绿色前景对企业的绿色发展具有导向性。我国作为工业大国，尾气排放量巨大，拥有极大的减排潜力，而北大先锋正是抓住这一发展机遇，研发出变废为宝的绿色技术。同时，随着工业领域环保标准日趋严格，产品精细化水平不断提升，这对气体分离的种类、纯度、气流量、设备规模等提出了更高要求，也为变压吸附技术带来了新的市场机遇。北大先锋积极把握这一市场机遇，不断扩大进行技术研发，提高自身影响，为社会节能降耗做贡献。

雄厚的技术后盾支持

企业的绿色发展同时也离不开自有资源的有力支持。北大先锋依托其强大的技术后盾，具备强大的研发团队、专有的先进技术、丰富的工程经验等先天优势，极大提升了企业的核心竞争力。同时，还结合市场需求，将变压吸附技术拓展到诸多领域，除了传统的制氢、制氧、制氮三大方向，变压吸附在气体分离方面发挥了更大用途，北大先锋真正成为变压吸附气体分离领域的领航者。

以创新为核心的企业精神引导

企业所秉承的企业文化是其发展的方向指引，而绿色领袖企业则离不开创新文化的引领。作为提供减排设备的技术企业，北大先锋以创新为灵魂，坚持技术创新、观念创新和管理创新，并将其作为可持续成长的内在要求。创新作为其内在属性，北大先锋不断超越自我，致力于技术、观念、管理等全方位的持续改进，将技术改进与管理和经营战略相结合，不断为国家经济和社会可持续发展做贡献。

（六）模式总结与案例启示

随着经济全球化步伐的加快，技术进步、技术创新越发成为经济发展的原动力。企业想要在竞争愈演愈烈的市场上巩固地位和取得发展，需要强大的竞争优势，而对于很多企业来说，这种竞争优势的形成很大程度上依赖于超前的技术优势，技术创新是实现这种技术优势的重要途径。技术创新对于提高“中国制造”竞争力和推动节能减排、应对气候变化的进程都具有重要意义。

面对越发严苛的环境标准，大部分企业尤其是制造型企业都面临着更大的节能减排压力。生产制造的节能减排尤其依赖于采用先进技术和装备以及技术创新，基于技术的节能减排包括通过改进生产功能工艺实现清洁生产、通过提高产品技术水平降低产品能源消耗等途径。企业需在评估自己生产条件和技术基础的情况下，有所侧重地选取技术改进策略。在本部分的案例中，格力电器率先瞄准制冷剂技术，通过技术创新减少产品的污染排放和环境破坏；江南电缆通过生产设备的改进升级，最大限度地挖掘节能潜力；安阳复星合力通过生产工艺的升级革新，提高钢筋生产过程中的能源效率水平；非技术导向的佳禾食品则通过引进消化吸收再创新节约生产耗能；技术导向型的北大先锋则依托雄厚的技术后盾不断为工业行业提供先进的减排设备。

把握关键技术方向，更是企业打造自己核心竞争力的重要途径。如格力电器坚持核心技术自主研发，通过大规模的研发投入和对自主研发的执着，打破了国外制冷企业技术垄断的局面，成为“中国制造”走向“中国创造”的典范。安阳复星合力则是瞄准行业发展的痛点难点，潜心于攻克冷轧钢筋的技术难题，研发出高延性冷轧带肋钢筋，成为技术产业化的领跑者。北大先锋和佳禾食品更是将技术作为企业生存的根本，成为各自领域的领跑人。这些企业的技术革新还有一个共同的特征——极其注重绿色技术和产品的研发，这既顺应了时代发展和行业转型的需求，也为企业自身在改革浪潮中谋求新发展提供了机会和动力。

企业进行技术改造升级也需因地制宜，基于自身技术实力选取技术引进或自主研发。如格力电器因技术实力雄厚，多年执着于核心技术自主研发，打造企业核心竞争力；安阳复星合力潜心研究冷轧钢筋，有效降低了行业能源消耗；江南电缆在转型初期则选择引进清洁高效的节能设备替代高能耗、高污染的老旧设备，节省能源成本，为产品研发让出资源；佳禾食品更是综合食品生产流程对普适性的生产流程进行改造和设备替换，用最优化的成本配置实现降低成本。此外，企业通过技术层面实现绿色转型，不仅需要设备改进、进行自主研发，更需要满足消费者多样化、高标准的要求，着眼于整个产业链，带动整个行业的绿色转型。

三、价值共创，创新合作共赢的商业模式

随着全球环境问题日趋严重，各国加强环境立法，消费者的环境意识增强，一些发达国家首先提出了绿色经营理念，将传统经营方式与保护环境的绿色理念相融合，产生了一种新型的企业经营理念（汪涛和王铵，2014）。面对日益严苛的环境要求，企业不得不重新审视自身商业模式，考虑在短期利润和长期可持续性之间的平衡，通过对商业模式的调整来适应市场需求（荆浩和宝建梅，2012）。在此背景下应运而生的“绿色商业模式”作为企业绿色经营的指导，主要是指在充分考虑环境效益的前提下，支持产品和服务发展，减少资源的使用和浪费，并且是经济可行的商业模式（张静进等，2015），其核心是环境效益的实现。尽管绿色商业模式会体现为不同的形式，却拥有共同的特征。采用绿色商业模式的企业可能会改变企业的核心商业战略，即以服务导向和可持续供应链管理推动企业在商业战略和运营管理层面转型。绿色营销也是企业绿色商业模式的重要实践形式，即以产品的环境影响作为中心点的市场营销手段。

绿色商业模式作为一种非技术性的绿色创新，能够激励供应商考虑产品整个生命周期的成本，从而减少能源或资源的使用和浪费，显著降低环境影响，并为供应商和客户提升品牌知名度，为企业创造新商机（荆浩和宝建梅，2012）。同时，绿色商业模式作为一种积极的企业绿色行为，有利于增强企业持久发展能力，有利于企

业形成独特的竞争优势，促进企业文化建设，获得“先动优势”（毕思勇，2011；李名梁，2010）。拥有绿色商业模式的企业能更有效地促进资源的合理配置，更有效地避开绿色贸易壁垒，更容易占领市场和扩大市场销路，更好地实现创新，进一步激发潜能。在社会责任方面，绿色商业模式能推动新型绿色文明的发展，实现可持续发展目标（毕思勇，2011；封晔，2009）。此外，企业基于绿色商业模式，通过污染防治、技术工艺创新和改造，减少生产过程中的浪费，提高资源利用率增加产出，进而取得成本领先优势（毕思勇，2011）。

（一）筹谋帷幄，智慧能源互联互通——海尔能源

凭借多年能源运营管理经验，青岛海尔能源动力有限公司（以下简称“海尔能源”）结合互联网、大数据、云计算的技术发展，形成国内最大的智慧能源定制服务平台；通过外部资源降低能源使用价格，通过监测数据改善能源消耗，引入新能源技术解决方案，提供多样化的能源管理服务，有效促进了（客户）企业的绿色发展。

海尔能源企业概况

海尔能源是由海尔集团公司投资的全资子公司，成立于1993年5月20日，业务聚焦于水、电、气、汽供给以及新能源技术推广、

能源大数据服务、环保管理等业务，拥有在线院士 2 人，高级工程师 10 人，中级工程师 25 人，能源管理师 10 人，安全工程师 2 人，能源专业技术人员 175 人。作为北京电力交易中心市场管理委员会成员、山东省第一批电力交易试点用户之一，海尔能源拥有丰富的电力行业交易经验。

海尔能源设计建设的智慧能源总控平台，拥有核心技术 14 项，应用解决方案 3000 多套，是目前全国最大的智慧能源定制平台，也是全球家电行业第一个以及唯一实现智慧能源互联控制的平台。平台实现了全国 15 个省市 156 个互联工厂 14 种能源介质在能源转化、输配、消耗等全过程信息化智能控制。

目前海尔能源已经搭建了以（室内空位）系统为核心，包括 PLM（产品生命周期管理）协同研发系统、ERP（企业资源计划）系统、WMS（智慧物流）、Automation 智慧设备控制系统 5 大信息系统集成互联的信息化体系，在业务上通过智能制造，把制造、研发、物流紧密地互联互通，并形成了家电行业的互联工厂的信息化标准。

1.做法与成效

尽管节能减排、低碳生产已成为时代主题，但实现“绿色”的成本使得众多企业望而却步。因此，以何种方式打开绿色时代大门，成为了社会探索的共同命题。

向节能服务公司寻求专业的综合能源服务是具有成本效益的绿色

转型方式之一。现阶段，中国的综合能源服务市场已进入快速爆发式发展阶段前夜，各类能源服务模式不断涌现。如何结合5G、物联网、人工智能、云计算、新能源等新兴技术，重新定义多维度、多层次的深度综合能源服务，真正提高能源利用效率，达到绿色低碳、安全高效的能源使用目的，将是城市管理者、能源企业和用户等共同肩负的使命。

直接节能和间接节能是企业通过综合能源服务实现节能的两大手段。近年来，随着工业4.0的发起，物联网能源逐步地深入企业视线，同时企业也深刻地意识到间接节能的巨大潜力。智慧能源管理系统是间接节能的重要载体，因此企业在节能工作上建立能源智慧管控平台就显得格外重要。凭借多年能源运营管理经验，结合互联网、大数据、云计算的技术发展，海尔能源定位为“人单合一”的能源服务公司，发展出国内最大的智慧能源定制服务平台，致力于为全球企业用户提供美好生活解决方案，通过外部资源降低能源使用价格，通过监测数据改善能源消耗，引入新能源技术解决方案实施共享，提供多样化的能源管理服务，促进企业用户绿色转型。

整合资源，搭建“绿色”平台

企业用能成本高居不下使得转型发展备受阻碍。对于传统供能模式而言，企业领导层不参与工厂内部需求管理，不能及时发现生产过程中存在的问题，难以有效降低能源消耗。为此，海尔能源在引入信息化监控和人工监测的基础上搭建出海尔智慧能源总控平台，为客户企业提供有效的能源管理服务和解决方案，也为客户企业实施用能监测、挖掘节能潜力、开展节能管理打下了良好的基础。

海尔智慧能源总控平台是以能源互联网、大数据云计算技术为创新应用，以多能互补项目建设为基础，集配售电、智慧能源管家服务等功能于一体的智慧能源综合体项目（见图 19）。通过整合业内优势资源，为客户从前端降低能源价格；通过智慧能源总控平台的运营，降低能源运维成本，不断优化能源使用场景，提供全方位解决方案和增值服务，实现企业节能降耗。通过搭建多能协同的综合能源网络，平台可实现能源基础设施与信息系统深度融合，使用能源互联网关键技术，营造开放共享的能源互联网生态体系，实现线上服务预测、线下服务相结合，拓宽网络运营模式。同时，为准确评估能源消耗，海尔智慧能源总控平台执行了标准台机制，解决同一产品不同型号的能源使用评价，并通过制定单台能耗考核机制实现了产品、产线间的对比，帮助客户企业进行能源结构调整，提升节能空间。此外，该平台还通过打造多条特色营销渠道，实现资源网对接，扩大产品影响。

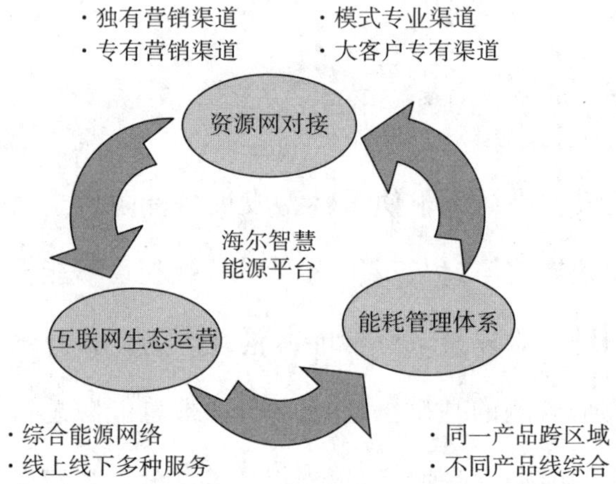

图 19　海尔智慧能源总控平台服务模式

具体来看，海尔智慧能源总控平台打破企业边界，开放整合能源服务商资源，聚焦用户痛点，搭建社群，在交互用户需求的同时，让用户参与能源解决方案的制定与决策，为客户企业绿色赋能。平台设计了最了解用户需求、最贴近生产需要的236个运营模块；根据安全管理需求设计了3种预测模块，9大应急预警模块，15类预警模块；根据节能减排需求，设计了6类节能模块，其中包括指标考核体系的设置及达成绩效管控；5种技术模块，可供用户自主选择功能模块。目前，海尔智慧能源总控平台已经推广至汽车、纺织、陶瓷、服装等七类行业，在73家外部单位开始实施，针对不同的生产工厂执行不同的管理模式，形成了定制化的服务模式。

为帮助客户企业找出能源薄弱环节，并提出针对性降费解决方案，切实减少企业能源成本、挖掘企业节能潜力、助力企业节能减排，海尔智慧能源总控平台线上系统模块对所有工厂用户能源设备进行端到端可视化服务，并针对所有工厂工业活动进行检测，让能源消耗真正有迹可循。同时，平台有效缩短了产品生产周期，提高了生产效率，进而从整体上提升客户企业的智能制造水平。2017年，海尔能源客户企业中的9家洗衣机企业都实现降低综合单台能源，大量节约能源费用。海尔智慧能源总控平台在为母公司海尔集团提供节能服务方面更是取得显著成效。

抓住市场契机，创出智慧电力托管模式

工业企业用户无法准确估计次月用电量，并且不易承担交易中心

的偏差考核风险，因此按照传统模式通过供电公司和电厂采购电量无法获得最有利的电价优势，导致这类企业缺乏竞争力，无法保证收益最大化。而随着《关于进一步深化电力体制改革的若干意见》（国家电改 9 号文）的发布，作为北京电力交易中心市场管理委员会成员和山东省第一批电力交易试点用户，海尔能源利用丰富的市场交易经验及优质的电厂资源，成立售电公司并积极开展售电业务，并根据其在交易过程中所遇到的问题及痛点，开展了海尔能源智慧电力托管项目，开发了智慧能源售电平台。海尔能源通过电力市场交易帮助客户企业降低用能成本的同时，还为用户提供成套的能源解决方案，使售电公司的价值获得极大的提升。

海尔能源智慧电力托管是以电力托管为服务模式，以“互联网 +”智慧电网为技术支撑，依托海尔智慧能源总控平台，实现电费托管、运维托管、电能监控、电能质量优化、综合能源解决方案等服务于一体的智慧电力综合体项目，是帮助电力用户解决传统电力服务模式下遇到的难题，走向现代电能管理的有效方式。海尔智慧电力总控平台可以依托其技术优势帮助用户随时随地实现远程管控，为电力用户提供先进的电力总控服务，有效增强电力管理智能化水平。

购电方面，海尔能源联合各客户企业，积累成具有相当规模的购电主体，通过电力交易中心统一向发电企业购买电量，以大客户优势倒逼电厂边际成本下降，从而达到降低能源成本的目的。售电公司与企业用户达成交易合作后，结合用户历史数据及实际生产需要制定年度及月度交易计划，承担用户偏差考核风险，减少用户收益损失（见图 20）。

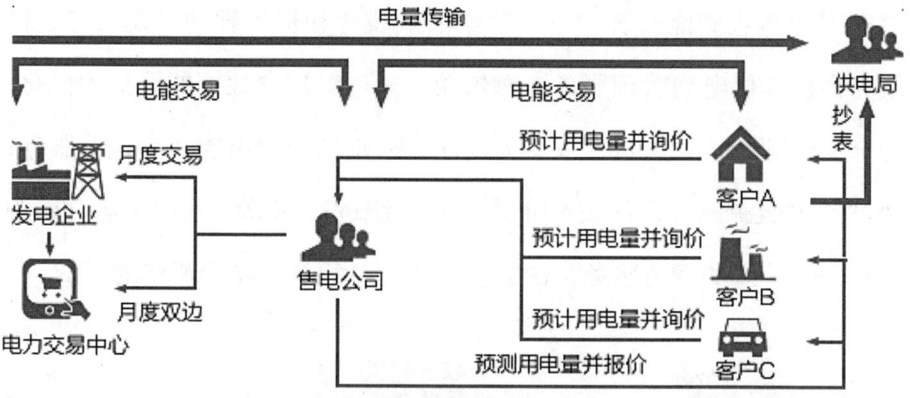

图 20　海尔能源售电业务模式

海尔能源以优质的对外客户端提升服务水平，利用精准的电量预测及智能化电量预警功能协助用户电量预测，控制偏差，避免偏差考核损失；不以传统售电公司赚取价差及服务费的方式获得收益，而是结合自身综合能源服务方面的资源，开展增值服务，与客户实现共赢。

服务客户，打造智慧储能方案

企业每月要向电网公司缴纳基本电费，这形成了企业的固定电费成本，同时复杂的企业电费定价规则、基本电费额度偏高都是制约企业转型的障碍。为了解决上述问题，海尔能源通过开发智慧能源储能方案，有效利用电费定价规则，降低企业用能成本（见图 21）。

海尔能源智慧储能方案采用磷酸铁锂电池组作为储能元件，在电力处于“谷”时段时蓄电，“峰”时段放电，实现电力削峰填谷，调节用户侧需求响应。这不但可以降低电网的峰值负荷，有利于电网的安全运行，还能产生经济效益。基于这一原理，海尔能源通过为用户提供安装分布式储能系统、电力数据采集装置和提供移动终端服务，持续为客户提供电力管理服务。海尔能源通过对用户数据的分析和优化，为企业管理及运行人员提供更为全面、精细的企业电能转移运营服务；通过海尔能源总控系统及分布式储能系统进行有效的管理和运营，为客户提供持续的增值服务，帮助客户达到节约企业电费账单的目的。

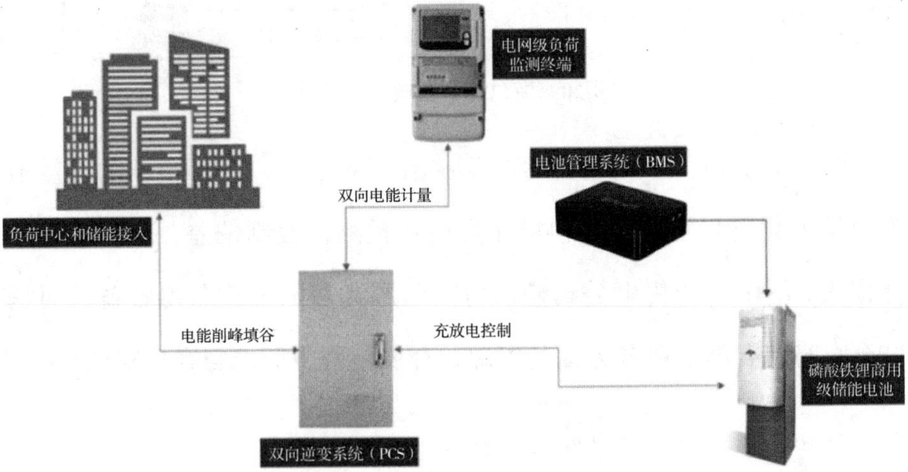

图 21　海尔能源智慧储能方案

该项目不仅具有良好的投资回报率，而且设备运行时无噪声、无污染。在紧急停电时，储能系统可以在 10ms 的时间内迅速供电，是一个反应速度极快的备用电源。以海尔能源客户企业之一的某园区为例，该项目建成后，每年为客户节省 22.46 万元的能源费用。

智慧管理，多元化能源服务

基于智慧能源总控平台，海尔能源还提供多种能源优化服务，旨在通过综合利用多种方式，优化企业能源使用结构，提高利用率，实现能源节约。

压缩空气作为三大动力源之一，应用领域非常广泛，空压机在工业中能耗占比为8.7%。而我国空压机年耗电高达3000亿kW·h，其中40%以上的能耗浪费在动力设备负载不匹配、供气管网配置不合理、末端设备用气粗放上。一些对压缩空气需求较大的电子企业客户，只要在空压机系统能效上提升1%，每年就可节约上百万元的电费。为解决空压机余量偏大、选型不当的设计缺陷，老旧空压机、后处理及管道的产气损失，以及管理落后所带来的空压站效率不高问题，海尔能源凭借多年空压站管理经验并将其对外推广，开发了压缩空气托管项目。海尔能源空压站云控制系统配置了高精度的检测模块和测量仪表，实现了空压站恒压供气并将压力波动范围控制在0.03bar，针对用户用气情况进行个性化定制，在保证用户用气平稳的基础上降低能耗，提高空压站运行效率，实现了精准评估、精准设计、精准管理，大大提高了能效，实现了能源节约。

智慧照明是降低城市、园区照明模块能源消耗的重要途径。海尔能源推出了基于“一中心、四系统、六平台”的智慧照明系统，以城市空间信息、基础地理信息的二、三维GIS数据为基础，整合路灯设备的专业信息，构建照明信息智能服务平台，打造了一套具有路灯设施管理、远程控制、实时监测、故障报警、设施防盗、绩效评价等功能的智慧照明系统，提高照明系统的使用寿命，节约电力资源，节省运维成本，形成了管理技术创新在城市照明行业应用的实际案例，打造出全国领先的城市照明管理示范系统。

针对污泥处理行业产出污泥含水量高、运行管理不专业、处理费用高的问题，海尔能源的污泥减量化项目借助“云平台+数传网关+显示终端”，通过污泥脱水干化，从源头有效降低产泥量，节省危废处置费用；同时处置设施可整体托管运营，污染物处置单位由设备提供商转换为服务商，环保考核指标可由托管单位进行专业化管理，降低环保风险。

此外，海尔能源还对空气源热泵进行推广，以天然气为燃料，通过冷热电三联供方式实现了能源的梯级利用，综合能源利用效率在70%以上，有效促进了企业节能减排，绿色发展。

2.关键成功要素总结

把握智能化的时代潮流和市场先机。海尔能源顺应时代智能化的潮流，为解决企业绿色转型的能源困境，借助其多年以来的能源管理经验，以向企业提供节能服务作为其主要的商业模式，为客户企业提供定制化的能源解决方案，实现双赢。其智慧能源总控平台，在成功帮助母公司海尔集团实现智能化发展后，还被推广到面向其他企业客户的服务中，从而促进了社会整体的智能化发展。

以用户为中心的企业理念指引。企业理念作为企业的重要根基，是企业能否顺势应变进行绿色发展的关键。海尔集团所提出的“人单合一”理念是顺应互联网时代发展的创新模式。海尔能源在其实践中也坚持着这一双赢的经营理念，以用户为中心，发展出包括售电、托管、储能等为一体的智慧能源服务平台，有效提升了用户方的能源配置效率，为用户降低成本做出极大贡献。

经验和资源基础的支持和保障。企业自身实力是其进行绿色行为的重要保障。凭借母公司的强大背景优势，海尔能源能够综合整合利用多方资源，为其智慧能源平台提供重要保障。借助母公司的制造经验，提炼总结自身多年能源管理经验，海尔能源实现了对行业难点的准确剖析，创新打造了能源智慧服务平台，为其绿色实践提供了优越条件。

（二）绿色共享，让出行更美好——滴滴出行

滴滴坚定“让出行更美好”的使命，致力于构建智能共享出行的绿色生态系统；2018 年和 2019 年，通过拼车、顺风车和两轮车业务累计贡献 130.3 万吨二氧化碳减排量；通过智慧交通项目，为 20 多个城市优化城市交通管理；截至 2019 年年底，平台注册纯电动车达 96.9 万辆，在全国纯电动车汽车保有量中占比超过 3 成。通过不断的技术创新和对履行社会责任的不懈努力，滴滴推动了共享出行行业和社会的整体绿色发展，成绩斐然。

滴滴出行企业概况

滴滴出行是领先的一站式移动出行和生活平台，在亚洲、拉美和澳大利亚为超过 5.5 亿用户提供出租车、快车、专车、豪华车、公交、代驾、企业级、共享单车、共享电单车、汽车服务、外卖、支付等多元化的服务。滴滴平台上，有数千万个车主及司机获得灵

活的工作和收入机会，年运送乘客超过100亿人次。

滴滴出行致力于与监管部门、出租车行业、汽车产业等伙伴积极协作，以人工智能技术推动智慧交通创新，解决全球交通、环保和就业挑战。滴滴出行将持续致力于提升用户体验，创造社会价值，建设安全、开放、可持续的未来移动出行和生活服务新生态。

1.做法与成效

交通行业一直以来都是能源消耗和碳排放大户，同时也面临着车辆保有量增加、城市交通拥堵等一系列社会经济问题。城市交通作为一个相对封闭的领域，受到经济、技术和国家政策等因素的影响较大。目前我国的城市交通互联网化程度较低，行业进化速度慢，这与我国城市化提速背景下公众出行需求激增形成鲜明对比。

在以移动互联网、大数据技术为代表的新技术革命背景下，以大数据为基础、资源高效匹配为特征的共享出行已经成为交通领域创新最活跃、发展最迅猛的板块，也在推动绿色出行、促进绿色生活方式方面发挥着日益重要的作用。“互联网 +”时代的新型共享交通出行模式发展迅速，实时叫车、租车平台等为人们的出行提供了新的平台。作为公共交通的补充，由传统出租车模式升级而来的共享出行模式在引领绿色低碳生活、促进闲置资源利用的同时，在一定程度上缓解了城市拥堵状况，减少了不必要的排放和浪费，深刻改变着人们的出行方式。

作为“互联网 +”、大数据与共享经济下时代的产物，滴滴出行致力于通过智慧交通创新性地解决全球交通、环保和就业挑战，创造社会价值，建设安全、开放、可持续的移动出行新生态；通过引入互联网技术，大幅提升运输效率，共享资源，有效缓解交通拥堵和排放，促进绿色出行，为交通领域带来绿色的转机。

2015 年以来，滴滴陆续推出顺风车、拼车、共享单车、定制公交等创新性共享出行业务，降低人们的出行成本，提高汽车使用效率，减少私家车出行数量，最大限度地降低了交通出行领域的能源消耗和碳排放水平。随着滴滴出行平台中新能源车占比、共享单车、顺风车和拼车业务量的提升，滴滴出行为用户提供了更多产生更低碳足迹的出行选项，同时，滴滴出行用户的碳减排贡献也在逐年增长。

在人们所熟知的共享出行业务之外，滴滴还依托其拥有的交通大数据优势，为城市交通打造了智慧信息平台和智慧信号灯等设施，助力解决城市交通拥堵等一系列问题，从系统层面提高交通能效，助力可持续发展。

“互联网 + 大数据”，为绿色出行赋能

交通领域的信息不对称使居民大量的出行需求难以得到满足，而互联网和大数据技术则为这一困境的解决提供可能性。面对庞大的出行需求与供给侧—用户侧不对称的交通信息，滴滴利用海量的大数据，开展用户画像和特征工程，开发出“智能叫车系统”，实现乘客与车辆就近匹配，降低空驶，提升营运效率，减少燃油消耗，有效降低了碳排放（见图 22）。

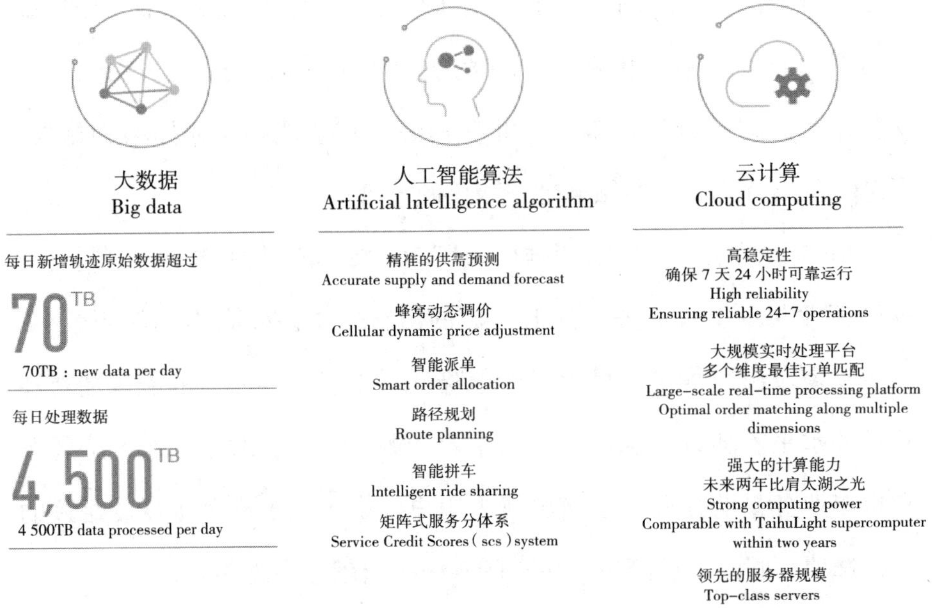

图 22　滴滴智能叫车系统

滴滴出行自主开发应用的智能叫车系统，能够基于滴滴出行司机端和乘客端，不断将司机和乘客的位置信息发送至云端，通过路线规划与订单匹配系统以及大数据调度系统，提前进行调度，精准投放过剩的运力，缓解供需问题。乘客确认叫车后，系统终端通过多种方式将用户的乘车个性特征与车辆进行配对，通过就近匹配实现用户等待时间最短、车辆调度距离最优。同时，智能叫车系统通过向司机发放订单密度热力图，避免空驶，优化营运车辆效率，降低巡游车辆空驶产生的碳排放。

开放数据，助力绿色公共出行

交通拥堵是当下大多数城市都面临的一大难题，这主要源于有限的城市容量与增长的出行之间的矛盾。共享经济和大数据结合，是解决这一矛盾的最佳方式。滴滴拥有海量交通数据，并联合城市交通管理者，在大众熟知的共享出行业务以外，打造了基于“互联网＋交通大数据”的智慧出行、智慧监管、智慧运营、智慧决策的智慧交通体系，帮助城市交通部门掌握交通规律，改善城市交通运行，满足人们的出行需求，降低能源消耗，减少碳排放。

解决城市交通问题，应以人的出行体验为中心。为进一步满足城市管理部门提升管理效能和普惠大众出行的诉求，滴滴以“交通大脑”为智慧城市运转“内核”，为改善城市交通运行、缓解城市拥堵问题提供决策支持和管理工具。“交通大脑”并不只是城市交通数据中心，有智慧、能进化的“交通大脑”平台下包含3个关键的中枢：数据中枢、分析中枢、控制中枢，3个中枢联动才能实现“发现—决策—行动”的闭环。在这个过程中，数据中枢整合出行地图、全路网扫描、移动电子眼等多方数据为控制中枢和分析中枢提供决策依据；分析中枢承担计算能力、人工智能（AI）分析能力，基于云计算技术让所有数据可以最高效地运转，最智能地进行分析决策；所有联网设备的控制则通过控制中枢智能化完成，包括信号灯、诱导屏、视频卡口、停车场等设施的控制，甚至标识标牌、路灯、警力调度也能联网控制。

滴滴出行平台还通过智慧信号灯、智慧交通诱导屏和潮汐车道等智慧交通项目，优化城市交通管理，缓解道路拥堵，提升城市交通效率。滴滴首创的智慧信号灯运用移动互联网数据来优化调整信号灯配时，帮助城市治理拥堵，提升早晚高峰出行效率。截至2017年年底，智慧信号灯已服务超过1200多个红绿灯，平均拥堵缓解达到10%—20%。滴滴在交通诱导屏中，显示距离重要交通节点的预计到达时间，使司机在1—3秒中获取能帮助交通决策的关键信息，从而实现“秒选路，不犹豫”。滴滴还根据高低峰的需求，通过专业拉链车行驶改变道路中央隔离墩的位置，快速优化双向道路结构，实现“潮汐车道”，可使双侧失衡指数下降20%—40%。目前，滴滴“交通大脑”已在全国20多座城市扎根生长，从智慧诱导屏、智慧信号灯等智慧交通项目着手，优化城市交通管理，缓解道路拥堵，为市民提供更好的出行服务（见图23）。

图23 滴滴“交通大脑”

同时，滴滴在2017年推出“滴禹—智慧交通信息平台”，希望为城市交通顽疾提供一体化解决方案。该平台依托滴滴海量高精度出行数据优势，基于滴滴交通云大数据科技能力，为交通管理部门搭建城市交通环境、缓解道路拥堵的全周期管理工具，协助各地政府相关管理部门掌握出行供需情况，实时查看路况以及交通设施的效果，识别事故高发地区，辅助当地公安的酒驾管理等。截至2017年年底，滴禹交通信息平台可实时反映50个城市交通运行情况。

此外，滴滴响应国家推广公共交通的号召，并为此设计了落地的推行方案。通过整合政企数据，滴滴搭建了公交大数据平台，利用大数据技术对公交排班进行优化，发现效益洼地，根据实际需求优化高峰期和平峰期车次排班，解决串车问题。同时，该平台根据用户在不同应用场景的出行需求，提供定制公交等公共出行服务，满足用户相关出行需求，通过提供精准稳定的换乘及实时公交查询服务，实现更加合理的出行规划，缩短候车时间，降低候车焦虑，提升公交出行体验，吸引市民选择公交作为优先出行方式，从而提升城市公共出行比，实现公交出行多元化需求，有效缓解城市道路交通压力。

推广新能源车服务，激发新能源汽车潜能

尽管我国目前大力推广新能源汽车，但其保有量仍然较低。为进一步深化交通出行的绿色改革，扩大新能源汽车的环保优势，滴滴出行借助自身平台优势大力推动汽车走向新能源化，通过创新的“新能源汽车+共享”出行商业模式，助力我国交通行业乃至全社会绿色可持续发展。

滴滴不断提高新能源汽车占比，与众多的新能源车企建立合作关系，共同推广新能源车服务：联合主机厂商推出智能程度更高、对共享出行需求更匹配的新能源车辆，促进共享出行与新能源汽车产业的融合发展；联合能源企业，加快充电、换电、储能等技术用于新能源营运车辆充电，提供更适合共享出行的能源基础设施系统。同时，滴滴推出“小桔充电”服务，通过构建充换电体系、储电、电池再利用等新能源汽车配套支持新能源推广，为平台营运车辆提供沿途预约充电、就近充电支持，提升新能源车辆运营效率。

2.关键成功要素总结

把握共享经济的时代背景和市场机遇

企业绿色发展离不开时代背景和机遇。在以移动互联网、大数据技术为代表的新技术革命背景下，如何将其引入交通领域，解决长期以来的出行问题，是滴滴所识别出的交通领域发展机遇。与此同时，随着智能手机的普及、移动支付的大范围兴起、4G 网络的全面铺设乃至 5G 网络的发展，滴滴引领交通革命得到全方位的支持。在这一背景下，滴滴紧抓机遇，致力于打造绿色出行，成功将共享理念融入交通行业。

精准分析公众出行消费需求

市场导向是企业绿色战略的重要促进者和支持者。面对日益严重的城市交通拥堵问题，滴滴深刻剖析了这一问题的关键矛盾。针对司机和乘客信息不对称的需求痛点，滴滴借助大数据，利用自身平台优势为公众出行提出诸多解决方案，一步步推进城市交通运行智能化、绿色化。

助力城市公共交通，探索双赢

除了通过快车拼车、顺风车等模式为公众提供解决方案，滴滴还通过积极与城市交通部门开展合作，助力城市公共交通，帮助城市交通部门掌握交通规律，改善城市交通运行。“交通大脑”“滴禹—智慧交通信息平台”“公交大数据平台”等几个平台的打造，都是依托滴滴海量高精度出行数据优势，基于滴滴交通云大数据科技能力，为交通管理部门掌握城市交通环境、缓解道路拥堵提供了更便捷的思路。这种合作模式，既利用了自身的管理和科技优势，又为公共政策问题的解决和环境的改善贡献企业的力量，体现出企业的社会责任，同时实现企业与政府的双赢。

坚持先进的经营管理方式和理念

企业内部先进的管理方式和理念才能保证企业永葆活力。诞生于共享浪潮的风口，滴滴始终坚持“让出行更美好”的使命，无论是借助互联、共享经济还是新能源技术，滴滴都力求先进的模式和理念，通过技术进步，让传统的出行行业开始向未来改变，向节能、低碳的绿色方向发展。

（三）模式总结与案例启示

现如今，企业的价值创造和传递方式正在发生巨大改变，实践界和学术界用“商业模式”这一术语来探究这一转变的典型特征和根源。随着信息技术、大数据、人工智能、区块链等技术的快速发展，企业商业模式开始突破原有框架，拥有更加多样的具体形式和组合方式，也越来越受到重视，甚至被认为是企业或组织在商业上取得成功的关键因素。本部分的两个案例，正是在这样的背景下，通过商业模式创新在行业中脱颖而出的两个企业。借助“互联网+”和大数据快速发展的背景和手段，海尔能源创新推出智慧能源服务平台，创造出智慧电力托管、智慧储能等新颖的模式，将自己从一个服务于母公司的能源服务机构拓展和打造成一个面向各类企业客户的大型综合能源服务公司，助力多个行业企业的绿色转型；滴滴更是在这个背景下诞生的商业模式创新产物，率先抓住市场先机，打造共享出行服务体系，更联合能源企业探索“近零排放”，顺应了应对气候变化、绿色发展的时代需求。

商业模式创新为企业占领市场提供动力，也为企业的绿色转型提供了契机。两个案例企业共同的特征是，在探索商业模式创新谋求发展的同时，借助此契机为企业注入“绿色”动能，从而摸索出一种“绿色商业模式”。二者相辅相成，绿色转型为商业模式的探索提供了创新的源泉，而商业模式的创新又加速了企业的绿色转型。

但企业所构建的绿色商业模式并不能轻易复制。绿色的商业模式是在深刻分析行业痛点、难点的基础上，结合企业的大胆探索和理念创新，不断实践所形成的。例如海尔能源是在多年能源运营管理经验基础上为解决高昂绿色成本而进行创新，滴滴则致力于通过信息共享解决长期以来的出行矛盾。两个企业成功的共性又在于借助互联网、大数据、云计算等信息技术，整合资源，信息共享，坚持互联网去中心化的理念，实现与用户共创价值多方共赢。因此，通过创新商业模式进行绿色转型需要企业拥有长期的行业深耕经验，能够识别出行业或社会在绿色发展中的难点和不足，根据市场特点、用户需求进行创新，与多方共同创造价值。

四、绿色治理，营造绿色企业文化

一年企业靠运气，十年企业靠经营，百年企业靠文化。企业文化对企业的永续发展有着深远持久的影响，而在当下企业竞争越来越侧重对文化内涵的关注，企业更需要重视内部文化的培养。企业在其生产经营过程中或许会采取一系列的绿色行为来达到节能减排、保护环境的目的，而将绿色理念融入企业文化中，潜移默化地进行绿色经营将会产生更大的绿色效益。对于追求绿色发展的企业而言，环境因素是其考虑的最核心内容之一（毕思勇，2011；杨静等，2013）。市场需求、政府规制、技术变革往往被认为是企业产生绿色行为的主要因素，但绿色文化却是绿色行为的根本动力。绿色企业文化主要是指以绿色文化为企业经营的指导思想，目的是实现员工、企业、社会和环境共赢的可持续发展。作为企业绿色发展的首要任务，绿色文化也是企业能否实现可持续发展的关键因素（毕思勇，2011）。在很大程度上，绿色经营更多来自领导者的绿色理念（毕思勇，2011；李永波，2015）。

企业绿色文化并不仅体现为绿色战略，还需要将绿色理念贯穿企业战略和决策的始终，企业绿色责任也是绿色文化的一种体现。企业以盈利为目的，却不是唯一目的，任何企业的行为都要接受伦理道德方面的指导和约束，社会公众会对企业的社会责任感尤其关注。企业绿色责任的本质是生态文明时代对企业行为的道德约束和管理指引，建立在企业生态伦理价值观基础之上，对企业的行为进行着约束（李鸣，2007）。实践也广泛证明，凡是优秀的企业，一定是勇于承担社会责任的企业，一定是积极践行生态环保和可持续发展理念的企业，一定拥有与时代同步乃至先于时代的企业伦理价值观（李鸣，2007）。

（一）润物无声，让绿色成为一种习惯——永钢

绿色发展目前已经成为全社会、全行业的共识。作为民营钢铁企业，江苏永钢集团有限公司（以下简称“永钢”）自建厂以来，就树立起“既达国标，更达民标”的绿色环保发展理念，注重经济效益、生

态效益与社会效益的深度融合，将绿色可持续发展理念融入企业经营全过程，积极推进技术设备升级改造，大力发展循环经济，用企业绿色发展实绩推动自身竞争优势的不断提升。永钢集团的“共建共享”发展模式对“三高”行业与企业的转型升级有参考与借鉴意义。①

永钢企业概况

永钢总部位于江苏省张家港市南丰镇永联村，创办于1984年。经过30多年的发展，现已成为一家以钢铁制造为主业，金融贸易、建筑建材、高端装备制造、循环经济等多元产业协同发展的综合性企业集团，现有员工13000余人。

永钢集团钢铁板块具备年产能900万吨，拥有电炉大棒、精品线材、智能炼钢、智能炼铁4个江苏省智能制造示范车间，目前已经形成建筑、能源、交通三大产品集群，产品国内销往28个省（区、市），覆盖全球111个国家和地区，其中“一带一路”沿线国家和地区32个，钢材被应用到港珠澳大桥、新加坡滨海湾金沙酒店、“迪拜眼”摩天轮等知名工程。

在发展过程中，永钢获得了“全国守合同重信用企业”“全国诚信守法乡镇企业”“全国钢铁工业先进集体”“全国模范职工之家”“全国推动绿色发展示范基地”“中华慈善奖”提名奖等荣誉。2018年成为全国第一家同时获得国家工信部“绿色工厂”和“绿色供应链管理示范企业”的钢铁企业。

① 部分案例材料来自与永钢管理层领导人的访谈。

1.做法与成效

钢铁行业是国家重要的经济命脉、关系国计民生的基础性行业，在我国工业现代化进程中发挥了不可替代的作用，但同时也是最为典型的高能耗、高排放、高污染产业。中国是全球最大的钢铁生产国，但近年来，钢铁产业长期粗放式发展所积累的矛盾日益突出，如产业集中度过低、高端产品不足、产能过剩、区域分布不合理、环保污染等问题日益凸显。在化解过剩产能、推进供给侧结构调整的背景下，我国钢铁行业的发展进入新常态，加快转型升级成为钢铁企业的必然选择。

技术进步是实现钢铁低能耗、低排放的关键路径，但钢铁行业的绿色发展不仅限于此。面对行业产能过剩、资金紧张、环境容量紧缩等压力，钢铁冶炼行业想要走出困境，更需要有长远的眼光，将超高标准、超低排放的环境目标设为企业发展常态。

正是在这样的背景和困境下，永钢集团吹响绿色发展号角，积极寻求贯穿整个产业链的低碳解决方案，走出一条绿色制造、制造绿色的发展之路。随着一系列循环经济利用新思维、新技术在永钢“开花结果”，绿色发展理念也不断为企业注入“绿色动能”，带来了经济和社会效益的双丰收。永钢虽然在整个钢铁行业中体量不大，但在行业历经波折的几年依然实现了盈利，取得了吨钢利润位列全国前 10、吨钢税收名列前茅的好成绩，这都要归功于其在绿色企业文化指导下的绿色发展举措。

村企共建，留住永联村“绿水青山”

企业源于社会更应该服务于社会。作为依托江苏永联村发展起来的民营企业，永钢集团始终坚持“共建共享”的理念，和永联村及村民形成了命运共同体。作为高污染企业，永钢坚持“既达国标，更达民标”的理念，做好环保工作，符合城市发展趋势、满足百姓要求。作为严于律己的环保先锋，永钢坚持“发展绿色企业，建设花园式工厂”的理念，将钢厂打造成 AAAA 级旅游景区。

永钢人经常说：“赚钱当然是企业生存的必要条件，但是企业生存为的不仅仅是赚钱。”永钢的发展一直强调实现“三和谐”，即公司股东与职工之间的和谐；永联村与永钢之间的和谐；永钢员工与永联村村民之间的和谐。“人企和谐”有着实实在在的红利，归根结底是企业的发展要满足人们对美好生活的追求。

当前的“永钢模式”实际上是由一系列历史转变演化而来，最早要追溯到永钢所在的永联村。永联村的工业化从 1974 年开始，1984 年永联轧钢厂成立，也就是今天永钢集团的前身。创办初期，永联轧钢厂很大程度上依附于村庄；20 世纪 90 年代后经历改制，永钢集团逐步完成了产权的明晰和“村企分离”，村集体股从 100% 下降至 25%，但永联村依然是永钢集团的重要组成部分。

永联村和永钢的历史演变

永联村的工业化历程以1978年水泥制品厂的创办为标志，到1984年永联轧钢厂创办，之后为了握紧拳头办大事，通过关、停、转、送关掉了当时的七八个小厂，集中精力发展轧钢厂。永联轧钢厂成为了永联村的支柱产业。

20世纪末21世纪初，在乡镇企业产权改制的浪潮下，永钢集团开始尝试“村企分离”，永联村保留下永钢集团25%的股权。改制后企业的实际经营者与名义经营者实现了统一，同时村政与企业的管理体系实现了分离，村委会与村办企业管理层形成了两套管理班子，两部门成员不交叉任职。

近些年，永联村、永钢集团已经形成了村企协同发展的崭新模式，村企之间互相支撑、彼此协同，永联村为永钢集团提供政策、发展空间、人才等方面的支持，永钢则为永联村提供资金、技术、市场以及管理方面的支持，全力助力永联村乡村振兴。

这种村企之间产权清晰的模式，一方面可以将村企之间的交易内部化，从而大大降低交易成本；另一方面，由于不分配集体资产，企业担负起了负责村庄发展的角色，可以更为有效地提供公共物品。这种模式下，永钢坚持“共建共享”的理念，和永联村及村民形成了命运共同体。而村集体的股权，也维护着村民共享发展成果的权益。无论是“以钢兴村”，还是保留集体股份，永钢和永联村的核心追求始终是坚持“以村民为本”，让永联村村民过上幸福的生活。“只有让村民们满意了，得实惠了，我们的企业、我们的集体才会有长足的发展。”这样的观念，是永钢和永联村共同致富的动力之源，更是永联村与环境和谐发展的奥秘所在。

为保障永联村村民的生存环境利益，永钢统筹规划，采取一系列配套措施，注重污染物由末端治理向源头削减和控制的转变，深度推进企业的超低排放改造；在水污染防治、大气污染防治、噪声防治、厂区绿化等方面全方位、高标准、快节奏地推进环保项目建设。在资源综合利用方面，永钢目前形成了气体回收利用、水循环利用和固体废弃物回收利用三个回收系统，各类发电装置总装机容量超 37 万 kW · h，回收利用的蒸汽年可发电 3.2 亿 kW · h，回收利用煤气年可发电 18 亿 kW · h，目前企业自发电比例超 60%。在污水处理方面，永钢通过建立水处理系统和雨污分流系统，将各生产工序产生的废水、生活污水及雨水送至污水处理车间进行处理，待水质达标后用于各车间生产和炼铁冲渣、堆场喷淋、道路洒水等，实现了废水“零排放”。在扬尘治理方面，永钢在现场对除尘设备升级改造，减少放灰时产生的二次扬尘，在原料堆场新建防风抑尘墙，安装高压喷水、喷雾降尘设施，在运输车流量较大区域及堆场出入口新建了汽车洗轮机，有效减少了物料堆场无组织扬尘和车辆道路扬尘。在余热方面，永钢把生产过程中产生的低温余热用于其所在永联村的水产养殖、花卉种植、粮食烘干等现代农业生产，实现了工业与农业的循环互补，进一步改善了环境质量，推动了绿色发展。

此外，永钢还对厂区绿化进行总体规划、设计与改造，将工厂周围500米内的土地建成苗木基地和经济园林，厂区绿化面积近50万平方米，使厂区呈现出“春有花、夏有荫、秋有果、冬有景”的美丽景色。永钢花园式工厂与永联村的生态文明建设融为一体，相得益彰，携手并进，不仅仅为钢铁企业树立了标杆，更为新时代社会主义新农村建设注入了新动力。

高标定位，争当行业绿色发展标杆

在外部紧迫的环境压力和内部先进的绿色发展理念共同作用下，对于能源密集型的钢铁行业而言，技术进步是实现钢铁低能耗、低排放的首选道路。但“绿色标兵”永钢不仅满足于技术改进，还采用了更有远见的绿色战略以及更为严苛的能耗标准。在绿色发展战略指导下，永钢把“绿色发展”与“资源综合循环利用”深度结合起来，推进实施超低排放作为推动企业高质量发展、转型升级的重要措施，以能源管理系统为基础，全方位、高标准进行技术改造，将绿色战略渗透企业生产经营的全过程。

在绿色发展战略指导能源管理方面，永钢早在2007年就开始推进环境管理体系建设，逐步建立了“以能源为中心，以EMS（能源管理中心系统）为基础平台，集管理、生产组织、工艺调整一体，能源监控和调度变条块分割为扁平化，基础能源管理变分散为集中一贯”的能源管理体系，作为企业能源生产、运行、管理的中心，代表公司对企业的能源活动行使综合管理。

在绿色发展战略指导技术改进方面，永钢通过引进环保新技术、新工艺、新装备，实行节能环保项目技术改造，开展生产过程全方位减排。自 2015 年以来，永钢已累计投入 60 多亿元，涉及设备改造、能源综合利用、余能余热利用、固废处理等全过程，能耗和排放位于行业先进水平、远高于国家标准，节能减排效果远远超出政府要求，高标准、快节奏、宽领域地全面推进企业的节能环保项目建设。通过技术改造，永钢实现了烧结、球团烟气全面脱硫。其中，在 2# 450 平方米烧结车间烟气脱硫项目采用先进的活性焦烟气净化技术，是国内首套自主知识产权的活性焦多污染物协同处理工艺，兼有烧结烟气的脱硫、脱硝、除尘、去除二噁英和重金属的功能，综合脱硫效率在 90% 以上，产出的副产品为 98% 的浓硫酸，有较高的利用价值，并且无废水的产生，无自产固体废物，为国内钢铁企业烧结烟气治理领域树立了新标杆。同时，公司生产过程中产生的高炉渣、高炉水渣、转炉渣、废氧化铁皮以及污水处理系统产生的污泥和各除尘器产生的除尘灰等固体废物均实施了 100% 的回收和资源化利用。

全员参与，全方位、全链条节能减排

基于绿色发展理念和建设“花园式工厂”的战略思考，永钢切实加强节能环保基础管理工作，牢牢把握制度、员工、供应商、产品四个方面，努力形成企业主导、全员参与共建的节能环保工作新格局。

强化建章立制，为企业绿色发展提供遵循。永钢高度重视节能环保基础管理工作，立足于制度、员工、供应商、产品等四个维度开展

工作，形成企业主导、全员参与的节能环保工作新格局。定期修订管理制度，改进各项管理措施，先后出台了《水污染防治管理规定》《大气污染防治管理规定》《环保事故调查处理办法》《安全环保责任制》等一系列严格的管理、考评制度，形成了较为完善的激励约束机制，督促和指导公司上下开展绿色环保工作。同时，不断加强内外宣传培训，通过“引进来”“走出去”等方式，通过承办节能环保专业论坛、聘请专家来公司讲课、外出参加专业技术培训等手段，进一步引导广大干部职工强化生态文明意识、培养生态文明理念、增强节能环保操作技能，为企业绿色发展创造了条件。

在供应链方面，永钢强调绿色供应，将绿色理念延伸到生产者责任过程。永钢将安全健康、低碳节能等主要指标纳入对供应商的评价体系，从源头上严格控制原燃料微量元素超标。在物资采购的技术标准制定和选择上，永钢始终坚持可持续发展，通过大宗物资采购的有害元素控制，废旧物资的安全、循环使用等方式，不断提升履行社会责任水平。永钢积极发挥自身作为供应链承上启下环节的作用，从供方选择到产品销售使用的全生命周期来综合考虑经济效益与资源节约、环境保护、人体健康安全。

除了推行“绿色采购”，永钢集团还在产品设计中引入生态设计的理念。应用钢铁产品全生命周期分析的管理方法，积极开发以高强度钢筋、高强度钢帘线、免退火冷镦钢为代表的“环境友好产品”，减少了下游用户的钢材热处理消耗，延长钢材使用寿命，提高社会资源的利用效率，更好地保护环境。

文化为基，让绿色成为企业发展底色

永钢集团与永联村融为一体，独特的历史和发展模式使得企业领导人、股东、员工、村民都成长在同质的文化底蕴上，更容易形成文化共识。永钢内部已形成独特企业文化，追求弘扬“张家港精神”和“鲶鱼精神”。“张家港精神”由以原江苏省张家港市委书记秦振华为代表的领导人提出，号召团结拼搏、负重奋进、自加压力、敢于争先；“鲶鱼精神”则聚焦聚力“三标杆一率先”，即“经济高质量标杆、城乡一体化标杆、新时代文明标杆，在全省率先基本实现现代化”。在这样的文化精神引领下，永钢人一直奋力拼搏，成为钢铁行业尤其是民营企业发展的标杆。

永钢在企业生产经营过程、文化发展过程和社会责任实施方面，都力求做到“快人半步”。“能源消耗不仅仅是代表经济的符号，更多的是代表责任的符号。”永钢作为民营企业，在十年前就开始编写企业社会责任报告，每两年发布一次。永钢希望通过企业社会责任的体现来实现自身价值，促进经营层、管理层和领导层的思想统一。

企业发展上，永钢并非一味以利益为先，而是致力于营造风清气正的企业发展环境，对永钢而言，“品德重于才华”；推崇踏实做事的风格，力求把小事情做好，做得更美、更精致，做小而精的企业，走自己的发展道路。

永钢在绿色发展上从自身做起，通过积极履行企业社会责任，引领行业的绿色转型，并通过积极传播自身文化和最佳实践，让更多的企业和社会公众认可可持续发展的理念。

在共建共享的模式下，永钢和永联村在乡村建设上也为新农村建设提供了新思路，甚至很多国家层面政策的发布都和永联村的经验有关。2019 年 10 月，第十九届全国“村长”论坛选择在江苏省张家港市永联村举办，论坛主题为“共建共享，文明富裕”，吸引了全国 1100 多名代表来到永联村交流发展经验，共话乡村振兴，为中国农村迈向现代化注入了强大的发展动能。

2.关键成功要素总结

对可持续绿色发展理念的坚持

作为钢铁企业，永钢争做绿色楷模，在其经营生产的各个方面都融入了绿色理念。坚持“共建共享”，这是永钢对其绿色文化的实践和承诺。同时，可持续发展作为绿色发展的目的，与永钢永续发展的使命相呼应，在这一理念的指引下，永钢始终敢为人先，以高标准要求自身，成为行业典范。

对行业发展的前瞻和对市场压力的灵活应对

行业绿色发展与社会绿色发展的双重外部压力促使企业进行绿色转型。在当前环境污染严重，而经济发展引起钢铁需求增加的矛盾形势下，永钢先于时代就已经深刻认识到环境保护、绿色转型的重要性，从而构建了绿色文化，制定严格的节能减排标准，将“绿色”融入生产的每个环节。

对多方利益共赢的追求

绿色行为源于企业的内外部共同需求。作为民营企业，永钢与股东、员工、客户、永联村等利益相关方在协作中谋求共赢，构建出利益共同体，环保、节能以及高质量发展是多方的共同夙求，各利益方的共同要求成就了永钢的绿色企业文化，塑造了永钢作为绿色标兵的企业形象。

（二）模式总结与案例启示

文化作为企业底蕴积累的体现，深刻影响着企业发展的方方面面。一方面，企业管理者对于环保、绿色的意识将在很大程度上决定企业的发展方向，决定企业战略发展规划。正如永钢在其绿色战略的指引下全方位推动节能减排，以严格标准对节能环保战略进行实施和推进，产生了远高于（政府）要求的节能减排成绩，实现全方位的环境效益。另一方面，企业要营造与自身价值相契合的绿色企业文化，增强绿色文化认同感，才能更好地发挥绿色文化、企业经营与绿色发展三者的协同作用。企业的绿色发展战略和绿色文化只有得到企业所有员工的认可和支持，绿色行为开展才能更加顺利。永钢的成功，在很大程度上依托于其“共建共享”和“花园工厂”的理念，公司和村民、股东、员工形成命运共同体，在保护环境的共同诉求下，形成绿色文化共识。永钢发展模式虽然有着历史的特殊性，但其精准践行绿色战略、营造全员绿色文化等措施值得所有企业借鉴。

此外，绿色文化所带来的可持续发展结果，也是企业持久发展的重要保障。企业源自社会也应反哺社会，环境绩效是其社会责任的体现，有助于企业树立良好的社会形象，从而为其长久发展提供基础。永钢作为民营企业，十几年来坚持发布企业社会责任报告，体现了企业心系天下的胸怀和传播引领的担当。而持续被社会认可的企业社会责任，也将为企业赢得更广阔的市场，为其发展注入更持久的动力。

第四章

研究发现与建议

一、主要研究发现

绿色低碳发展已成为各国工业行业和企业转型的共同选择。当前，全世界所有的国家都在着力优化产业结构和建设现代化经济体系，从而提升经济稳定性和全产业链整合创新能力。许多国家不断出台各种促进绿色低碳发展的政策，不断提高行业的准入标准，使得市场的竞争日趋激烈。随着广大消费者的低碳环保意识不断增强，人们对于产品品质提出了更高的要求，提高能源利用和水资源利用效率、降低污染物和温室气体的排放水平已成为产业、企业和产品形成核心竞争力的基础，这也是企业降低成本最有效的方法。绿色低碳转型成为每一个市场参与者都需要面对的共同问题，绿色低碳产业和绿色低碳技术将成为新一轮国际科技竞争的制高点，只有实现绿色低碳转型的企业才有可能在未来的市场竞争中立于不败之地。

“绿水青山就是金山银山。”无论是从我国生态文明建设的要求出发，出于全球范围内产业结构升级的大势所趋，基于社会大众对高品质、绿色生活方式的追求，还是源自企业自身健康、可持续发展的选择，企业都在内外部环境的共同作用下践行着绿色发展。这一过程可以被解释为企业在外部环境压力作用下，基于内部条件所做出的反馈和应对。不同企业所处环境不同，自身状况不同，其绿色发展实践和绿色行为的表现不同，但又有相似之处。作为企业经营管理和绿色发展的四个重要方面，管理、技术、商业模式和企业文化成为各企业进行绿色探索的切入点。

- 科学的管理方式能够有效提高各类资源利用率，实现内外部效益最大化，增强企业的竞争力。因此，无论是资源消耗型的乳品企业蒙牛，还是清洁能源企业金风科技，均能够通过高效先进的管理方式增加自身效益，成为行业发展的排头兵。
- 企业在技术方面的进步能给企业带来直接的能源或环境效益。通过技术研发或先进技术应用，格力将“电老虎”（空调产品）的能耗大幅降低，江南电缆和安阳复星合力将生产环节的能耗水平和环境效益显著改善，都实现了企业绿色发展的目标。
- 融入绿色理念的商业模式能够解决社会整体在绿色转型中所面临的困境，推动深层次、大范围、长周期的绿色转型。创新产品和服务理念，推出能满足多方需求的产品或服务往往能实现企业绿色效益最大化，也是这样的绿色商业模式创新使得海尔能源和滴滴出行实现了企业经营和绿色发展的双赢。
- 全方位融入绿色理念的企业文化是实现企业、社会、环境协同可持续发展目标的根本。永钢正是在其“共建共享”的先进绿色企业文化影响中，不断推进改革创新，勇立潮头，从而为企业发展提供了持久动力。

企业绿色行为同时受到诸多因素的驱动和制约，企业绿色创新也离不开时代环境的支持。借助“互联网+”和大数据的发展，众多企业运用精准分析将可持续理念融入公司运营，实现了管理创新、技术创新和商业模式创新。同时，在政府严格的环保要求和监督下，在消费者对绿色环保产品的青睐下，企业逐渐意识到绿色创新和绿色转型是面对外部压力、应对政府要求、迎合市场诉求的关键出路。外部动机迫使企业被动转型，而绿色文化、创新精神、可持续目标等内部因素则为企业带来更加主动的绿色变革。企业主动的绿色行为通常具有更彻底的绿色实践创新性，也能创造更大的环境效益。同样，企业管理层对环境的重视程度直接影响了企业绿色行为的力度和效果。因此，在外部压力、内部响应的交互作用下，一大批企业成功实现了绿色转型，并在绿色发展道路上不断前进，引领社会经济整体转型发展。

二、企业绿色行为建议

随着绿色发展理念的兴起和经济增长模式的革命性转变，绿色经济成为重要导向和长期发展趋势。企业作为绿色经济发展中的重要经济主体，要积极响应国家绿色发展要求，在追求利益最大化的同时更应当主动承担起企业相应的环境责任，发展企业绿色行为，在企业各个环节实行绿色行为管理，实现社会资源配置最优化。企业的绿色转型需要从自身所处环境出发，思考适合的转型方式和途径。本报告通过对“气候领袖企业”项目中典型企业案例的分析和研究，发现企业绿色行为和绿色发展有一定的规律可循，并对其进行集中梳理总结，希望为有志于开展绿色行为、实施绿色发展的企业提供有益的参考。

管理是所有企业运营的基本内容，管理转型是实现绿色转型发展的快捷方式，也是深化转型的必经之路。因此，企业在科学管理方面，需要推进信息化、网络化和智能化能源环境管理，全面提升企业管理水平。高效的管理模式包括机构管理、制度管理、市场管理、生产管理等多个方面，这些方面都对企业节能降耗有着重要影响。绿色管理是一种简单易行的转型方式，企业可以通过采用先进的能源管理模式，或对原有管理方式进行现代化、信息化变革，快速把握自身高耗能环节，实现节能减排，提高效益。同时，企业需要探索行业发展机遇，深化绿色转型发展。管理层面的创新变革也能为企业发展提供新的变革思路，形成企业绿色发展的独特之处，实现内外部效益最大化。

- 以用户服务为主要内容的企业在管理模式上的创新则更容易迎合生态化的时代需求，与利益相关方共同创造价值，成为市场焦点，实现自身转型发展。
- 企业还可以构建全生命周期能源管理体系，形成生态产业链条。具有强大行业影响力的企业通常在市场中处于主动地位，该类企业的管理创新对上下游行业的绿色转型发展具有强大影响，往往会带动全产业链乃至全行业的可持续发展。

社会进步源于技术创新，绿色进步也同样离不开技术，如果没有技术进步，发展模式将不会发生真正的改变。因此，在技术层面，企业需要引入先进技术，降低生产能耗。无论是互联网信息技术的发展，还是大数据云计算平台的应用，都为企业绿色创新提供了优越的条件。

- 高耗能企业可以通过采纳先进技术对能源消耗进行精准管理，从而实现产品生产过程的能源节约。同样也可以在引进先进技术的基础上对产品工艺流程或技术方式进行改进，提高节能效力。
- 对于以技术为核心的企业，则应该加大研发力度，引领行业技术进步，为节能减排做贡献。无论是通过研发改进生产技术实现清洁生产，还是提升产品技术含量实现清洁使用，这类企业都是节能减排的排头兵。但这类企业也需要注重自身技术产品的发展前景，从长远角度出发，发展具有国际前景的技术，打造出属于世界行业前沿的绿色产品和绿色技术。
- 具有技术差距的企业可以另辟蹊径，通过技术引进消化吸收再创新不断缩小与先进企业的差距，实现绿色创新。

商业模式创新有助于企业快速适应不断变化的市场需求和市场环境，绿色商业模式则是企业适应时代绿色变化的关键。因此，在商业模式方面，企业需要把握时代特征，重塑企业低碳发展战略。在节能减排成为时代共识的当下，更好、更高效地实现绿色可持续发展是各个行业领域的必然要求，但各个行业在绿色转型过程中又有着各种各样的困境和难题。企业在把握自己行业特征的基础上，通过新的产品和服务模式，解决行业转型困境，能在很大程度上带动全行业乃至全社会的绿色低碳发展。

- 企业需要借助信息技术，抢占未来能源发展技术高地。信息化是时代发展的必然趋势，也是能源革命的重要方向。在“互联网+”、大数据、云计算技术飞速发展的背景下，企业倘若能够在信息革命中取得技术优势，能为其实现跨越式发展提供先机。
- 企业也应该提高创新意识，实现多方价值共创。创新要走出传统理念，创新传统，逆向创新。价值共创就是颠覆传统商业模式的创新。企业在商业模式上要根据需求、根据市场、根据用户来组织创新，才能实现对整个经济发展的作用。

文化是企业行为的核心内涵，绿色文化理念对企业实践起着重要的引领作用，同时深刻影响着企业的社会形象。因此，在企业文化方面，企业需要树立绿色经营理念，营造良好的企业氛围。企业的绿色实践与文化传播，通过主动约束平衡经济发展和环境保护的矛盾，支持政府和社会解决不平衡、不充分的发展问题，同时又为企业创造出基于社会责任的另一种价值。因此企业需要践行绿色发展理念，提升市场竞争力。

- 具有负环境外部性的企业在其生产过程中应该更加注重对环境的保护，营造绿色可持续的企业文化。一方面可以采用先进技术，最大限度地降低能耗和污染；另一方面可以通过回馈社会、共生共享的环保深化践行企业责任。
- 具有正环境外部性的企业则应该进一步将可持续发展理念融入企业运营的方方面面，并将绿色文化传播到社会的各个角落。绿色的企业文化具有显著的正外部效益，绿色实践与可持续发展是企业对自身责任之道的坚守，也同样是对企业产品的宣传和营销，能让企业在硕果累累的同时，为社会可持续发展蓄积动力。

表3　企业绿色实践与代表案例

类型	具体行为	代表企业
环境管理优化与创新	绿色供应链管理	蒙牛、金风科技、格力电器
	能源管理制度创新	蒙牛、海南航空、首都机场、金风科技、江南电缆
	全生命周期能效管理	蒙牛、金风科技
绿色技术应用与创新	先进技术应用	江南电缆、安阳复星合力、佳禾食品
	技术研发与自主创新	格力电器、江南电缆、安阳复星合力、佳禾食品、北大先锋
绿色产品与商业模式	绿色产品与市场创新	海尔能源、滴滴出行
	绿色营销	蒙牛、滴滴出行
	商业模式创新	海尔能源、滴滴出行
绿色企业文化构建与引领	企业社会责任履行	首都机场、永钢
	分享与传播	首都机场、永钢、滴滴出行

三、促进企业绿色发展的政策建议

（一）部分行业规制类管理手段效果显著，政府监管仍不能缺位

尽管企业绿色转型是具有成本效益的时代要求，但由于市场失灵，企业在绿色转型过程中仍存在较大的惰性，因此政府的作用就尤为重要。经济学家通常将政府解决环境问题的政策手段归为两类：命令控制和经济激励。前者作为规制性管制措施对于督促企业减排具有重要意义，也具有立竿见影的效果。本书的案例中，有很多企业起初并非主动转型，而是在行业环境规制和标准日益趋紧的承压环境下的被动反应，这种被动转型在显现效益后则转化为企业进行绿色转型的稳定主动力。因此，在企业转型动力不足时，政府更需要通过不断完善法律法规，加强行业监管，进行外部的节能环保施压，驱动企业内部革新和转型发展。尤其是在涉及高耗能、高污染的关键行业以及关系到食品安全和健康的民生行业，政府更应该加强环保督查，以实现经济转型发展。

（二）针对部分良性循环的产业，政府应引导为主，培育企业的内生动力是关键

企业的主动绿色行为往往具有更彻底的创新性和更强的效力。健康的市场和企业发展路径需要让政府管制逐步撤出，发挥企业自身积极性和内生动力。任何政策都仅仅是培育外部环境，企业的内生动力才是其绿色转型的关键。因此，政府应更多关注如何通过政策引导企业增加内生的绿色转型动力，聚焦市场导向型的政策，激发市场的绿色活力。以金风科技等新能源企业为例，政府应该更多地考虑如何为其提供良好的成长环境，如何通过政策引导挖掘出行业潜力，以实现环境效益的最大化。

（三）加大扶持民营企业，营造良好的改革转型环境并提供支撑

不同于具有雄厚资本实力的国有企业，民营企业往往在经济转型过程中处于劣势地位，在社会发展的过程中也面对诸多不利条件，这些不利因素有时会在客观上促使民营企业反思其生产、经营环节，寻求节能机会。本报告中的江南电缆，就曾因面对资金困难，从能源成本着手以节约成本。事实上，民营企业中涌现出许多积极进行绿色转型的示范企业，如蒙牛乳业、佳禾、永钢等，为推动社会的绿色发展贡献巨大的力量。因此，在民营企业自身发展面临一系列困境的背景

下，如何为民营企业提供良好的改革转型环境，发挥民营企业在污染防治攻坚战的中坚力量，是政府在引导绿色转型中所应考虑的问题。例如，营造公平竞争环境、加大对民营企业的扶持力度、创新绿色金融政策、解决民营企业资金问题、健全绿色发展的监督考评机制、逐步培育有利于民营企业健康绿色发展的社会氛围，都有助于实现社会经济快速绿色转型。

（四）树立行业标杆，促进企业和行业绿色转型

由于企业规模等差异的存在，不同企业面对环境规制的应对策略存在较大差异。通常情况下，大企业面对环境规制压力会主动做出反应，抢先在生产和产品节能环保方面占据有利位置，如本报告中的格力电器、蒙牛、金风科技、海南航空等；中小型企业中也不乏积极转型的先进案例，如江南电缆、安阳复星合力、佳禾食品、永钢等。这些企业都探索出了各具特色的绿色转型之路，对于全产业链条和行业的转型发展起到了很好的示范作用。政府通过打造行业标杆企业，可以充分发挥这些企业的示范引导作用，带动类似企业甚至整个行业的绿色转型，这也是本报告所依托的“气候领袖企业”项目的主要目的。如果政府层面能够树立更多行业标杆，对企业和行业的引导作用则会更为明显。同时，面对处在行业领导地位的标杆企业，政府一方面要积极引导示范优势，另一方面也要采取相应措施，防止标杆企业形成行业壁垒，对小企业造成伤害。

（五）顺应时代潮流和需求，探索政企合作、互联互通，推动治理现代化

政府作为社会管理者，并不总是在任何方面都具有优势。随着“互联网+”和大数据等技术的迅猛发展，政府如能通过政企合作，搭建数据共享和互联互通平台，发挥企业的技术优势和政府的管理优势，将能有效实现政府、企业、消费者等多方共赢。本报告中的滴滴出行，正是通过政企合作，在城市公共交通方面引入智慧出行平台，既可以满足公众出行需求，显著提高公共交通使用率，又离实现绿色出行的目标更近了一步。同样，在生态治理重大资金方面引入政企合作的PPP模式，能够有效解决资金难题，在激发市场活力的同时大大减小政府压力，还能让政府从节能减排的“运动员”变为“裁判员”，更加高效地发挥管理监督作用。

（六）积极搭建企业文化宣传、分享和交流平台，让企业对绿色社会责任的履行为社会所见

提供绿色信息、绿色教育和绿色标签等政府引导行为被称为政府的布道行为，是一种新型环境政策工具（Al-Saleh & Mahroum, 2015）。这些政府行为能够为企业绿色发展提供价值观和文化上的指引，在近年来被西方社会证明是一种有效的绿色激励手段。例如，政府所设立的各类环保或技术奖项能扩大绿色转型企业在社会中的影响

力，极大程度地激励企业的绿色创新和技术进步，从而在全社会范围内培育出积极的绿色文化氛围，让企业更好地融合绿色发展。而企业融入了绿色理念的价值观和企业文化，则会促进绿色变革转化为企业的主动转型，具有更加深刻的内涵和活力。因此，政府应积极构建企业文化宣传、分享和交流平台，扩大优秀企业的影响范围，加强其影响力度，让企业对社会责任的履行为社会所见，从而提高企业绿色发展的原动力，更好地推动实现全社会绿色转型发展。如永钢、滴滴出行这样的示范企业，其在保护环境、推动可持续发展方面的努力，如果能够为更多企业和社会公众所知，将会对全社会的绿色转型起到极大的先锋引领作用，也将为企业的发展注入更持久的动力。

（七）注重行业标准的引导作用，强化管理类标准的推广应用

一味依靠企业主动创新会使企业陷入泥潭、停滞不前，因此政府仍需要在企业主动变革的过程中提供一系列标准化的方向指引。一方面，政府可以通过设定行业先进标准，为行业绿色转型提供目标和方向；另一方面，政府需要加强对管理标准的实施和推广，避免管理标准指南虚设，以更好地发挥先进标准对企业发展的指引作用，快速实现经济转型发展。需要强调的是，行业标准往往是对行业准入的门槛性要求，而本报告中的大部分案例企业——正如永钢“要永远快人半

步”的发展理念——在产品能效、环境指标等方面都远超行业标准。因此，政府在强化行业准入标准对行业整体水平的指引和推动作用之余，也可适当考虑制定行业先进标准，激发行业“领袖”与“先锋”企业的带头示范作用，激发企业活力，不断拉高行业优秀水平。

参考文献

[1] 毕思勇 . 生态文明背景下的企业绿色营销战略研究 [D]. 中国海洋大学，2011.

[2] 曹利军，王华东 . 市场经济体制下的企业环境行为及调控 [J]. 环境导报，1995（04）：1–3+45.

[3] 曹霞，张路蓬 . 企业绿色技术创新扩散的演化博弈分析 [J]. 中国人口 · 资源与环境，2015，25（07）：68–76.

[4] 陈劲，刘景江，杨发明 . 绿色技术创新审计实证研究 [J]. 科学学研究，2002（01）：107–112.

[5] 戴化勇，鲍升华 . 绿色企业文化与企业经营绩效关系研究 [J]. 山西财经大学学报，2010，32（12）：97–102+110.

[6] 杜连雄，张剑 . 主动环境行为与技术创新对企业绩效的影响 [J]. 华东经济管理，2020，34（01）：121–128.

[7] 封晔 . 创建绿色企业 提升竞争能力 [J]. 商场现代化，2009（01）：73–74.

[8] 葛晓梅，王京芳，薛斌 . 促进中小企业绿色技术创新的对策研究 [J]. 科学学与科学技术管理，2005（12）：87–91.

[9] 关劲峤，黄贤金，刘晓磊，刘红明，陈雯 . 太湖流域印染业企业环境行为分

析 [J]. 湖泊科学，2005（04）：351–355.

[10] 管亚梅，陆静娇，沈黎芳 . CEO 绿色变革型领导与绿色创新绩效——企业环境伦理的调节与企业绿色行为的中介作用 [J]. 财会研究，2019（06）：59–66.

[11] 郭斌 . 绿色需求视角的企业绿色发展动力机制研究 [J]. 技术经济与管理研究，2014（08）：43–46.

[12] 郝祖涛，严良，谢雄标，段旭辉 . 集群内资源型企业绿色行为决策关键影响因素的识别研究 [J]. 中国人口·资源与环境，2014，24（10）：170–176.

[13] 何小钢 . 能源约束、绿色技术创新与可持续增长——理论模型与经验证据 [J]. 中南财经政法大学学报，2015（04）：30–38+158–159.

[14] 贺爱忠，杜静，陈美丽 . 零售企业绿色认知和绿色情感对绿色行为的影响机理 [J]. 中国软科学，2013（04）：117–127.

[15] 黄承梁 . 生态文明视野下的企业绿色发展研究 [D]. 山东大学，2012.

[16] 黄志斌，朱孝忠，李祖永 . 绿色管理内涵拓展及其目标设计 [J]. 软科学，2004（05）：71–74.

[17] 胡美琴，李元旭 . 西方企业绿色管理研究述评及启示 [J]. 管理评论，2007（12）：41–48+64.

[18] 胡美琴，骆守俭 . 企业绿色管理战略选择——基于制度压力与战略反应的视角 [J]. 工业技术经济，2008，27（2）：11–14.

[19] 金帅，张洋，杜建国 . 动态惩罚机制下企业环境行为分析与规制策略研究 [J]. 中国管理科学，2015，23（S1）：637–644.

[20] 荆浩，宝建梅 . 绿色商业模式的概念框架分析 [J]. 中国科技论坛，2012，000

（011）：34–40.

[21] 廖小平，邹巅，袁宝龙．推动我国绿色发展的模式及路径研究 [J]. 湖南师范大学社会科学学报，2020，49（01）：14–23.

[22] 李冰．略论绿色企业文化 [J]. 商业研究，2009（01）：99–102.

[23] 李富贵，甘复兴，邓德明，等．企业环境行为分析 [J]. 中国环境管理干部学院学报，2007，17（001）：49–51.

[24] 李江娜，钟廷勇，何玲．环境技术创新、产业间关联与工业环境绩效 [J]. 哈尔滨商业大学学报（社会科学版），2019（02）：89–97+112.

[25] 李杰义，张汞，谢琳娜．环境知识学习、绿色创新行为与环境绩效 [J]. 科技进步与对策，2019，36（15）：122–128.

[26] 李名梁．我国绿色营销研究：述评及展望 [J]. 云南财经大学学报，2010，26（01）：125–131.

[27] 李鸣．绿色责任：生态文明时代中国企业的神圣使命 [J]. 企业经济，2007（02）：5–8.

[28] 李顺祥．论绿色企业文化的内涵及构建策略 [J]. 山东社会科学，2012（06）：124–126.

[29] 李卫宁，陈桂东．外部环境、绿色管理与环境绩效的关系 [J]. 中国人口・资源与环境，2010，20（09）：84–88.

[30] 李云雁．企业应对环境管制的战略与技术创新行为 [D]. 浙江工商大学，2010.

[31] 李永波．多维视角下的企业环境行为研究 [J]. 珞珈管理评论，2013（02）：83–93.

[32] 李永波．环境压力下的企业行为研究 [M]. 经济科学出版社，2015.

[33] 李振华 . 上市公司治理结构对企业环境行为的影响研究 [D]. 大连理工大学，2014.

[34] 刘爱东，罗文兵，邓明君 . 企业环境经营驱动因素，行为与绩效关系研究——基于长株潭城市群企业问卷调查数据的实证检验 [J]. 华东经济管理，2013，000（004）：117–23.

[35] 刘蓓蓓，俞钦钦，毕军，张炳，张永亮 . 基于利益相关者理论的企业环境绩效影响因素研究 [J]. 中国人口 · 资源与环境，2009，19（06）：80–84.

[36] 刘燕娜，林伟明，石德金，余建辉 . 企业环境管理行为决策的影响因素研究 [J]. 福建农林大学学报（哲学社会科学版），2011，14（05）：58–6

[37] 刘勇 . 企业环境行为机理与引导政策研究——基于复杂系统与仿真视角 [M]. 经济科学出版社，2016.

[38] 龙昀光，潘杰义，冯泰文 . 精益生产与企业环境管理对制造业可持续发展绩效的影响研究 [J]. 软科学，2018，32（04）：68–71+76.

[39] 路江涌，何文龙，王铁民，刘颖 . 外部压力、自我认知与企业标准化环境管理体系 [J]. 经济科学，2014（01）：114–125.

[40] 吕燕，盛敏之 . 绿色技术扩散的实证研究 [J]. 环境科学研究，1996（04）：25–8.

[41] 孟庆峰，李真，盛昭瀚，杜建国 . 企业环境行为影响因素研究现状及发展趋势 [J]. 中国人口 · 资源与环境，2010，20（09）：100–106.

[42] 莫似影，张长江 . 环境价值观、环境行为与环境绩效——来自中国重污染行业上市公司的经验证据 [J]. 财会月刊，2016（36）：13–18.

[43] 潘霖 . 中国企业环境行为及其驱动机制研究 [D]. 华中师范大学，2011.

[44] 秦颖，武春友，徐光．企业行为与环境绩效之间关系的相关性分析与实证研究 [J]. 科学学与科学技术管理，2004（02）：129–132.

[45] 秦颖．企业环境管理的驱动力研究 [D]. 大连理工大学，2006.

[46] 秦颖，曹景山，武春友．企业环境管理综合效应影响因素的实证研究 [J]. 工业工程与管理，2008（01）：105–111.

[47] GB/T 24031—2001，环境管理环境表现评价指南 [S]. 北京：中国标准出版社，2001.

[48] 苏鑫，王培欣．我国上市建筑施工企业环境绩效与财务绩效关系实证研究 [J]. 工程管理学报，2015，29（03）：142–147.

[49] 孙兴华，王兆蕊．绿色会计的计量与报告研究 [J]. 会计研究，2002，000（003）：54–57.

[50] 孙岩，武春友．环境行为理论研究评述 [J]. 科研管理，2007（03）：108–113+77.

[51] 涂自力，王朝全．发展循环经济的企业内生动力问题 [J]. 社会科学研究，2009（01）：53–57.

[52] 汪涛，王铵．中国钢铁企业商业模式绿色转型探析 [J]. 管理世界，2014（10）：180–181.

[53] 王朝全．论循环经济的动力机制与制度设计 [J]. 生态经济，2006（08）：56–59.

[54] 王凤，王爱琴．企业环境行为研究新进展 [J]. 经济学动态，2012（01）：124–129.

[55] 王旭，秦书生，王宽．企业绿色技术创新驱动绿色发展探析 [J]. 技术经济与

管理研究，2014（08）：26–29.

[56] 王远，陆根法，王勤耕，钱瑜，陈金龙，褚桂明，曲新华，梁晨辉，陈大伟，谢文雄．污染控制信息手段——镇江市工业企业环境行为信息公开化[J]. 中国环境科学，2000（06）：528–531.

[57] 王宇露，江华．企业环境行为研究理论脉络与演进逻辑探析 [J]. 外国经济与管理，2012，34（08）：26–34+42.

[58] 吴昊旻，王杰．政策不确定性与企业环境表现 [J]. 会计论坛，2019，18（01）：23–41.

[59] 吴利华，陈瑜．全过程视角下企业环境管理绩效评价 [J]. 中国人口·资源与环境，2014，24（S1）：46–50.

[60] 吴晓波，杨发明．绿色技术的创新与扩散 [J]. 科研管理，1996，017（001）：38–41.

[61] 武春友，孙岩．环境态度与环境行为及其关系研究的进展 [J]. 预测，2006（04）：61–65.

[62] 武春友，吴荻．市场导向下企业绿色管理行为的形成路径研究 [J]. 南开管理评论，2009，12（06）：111–120.

[63] 谢雄标，郝祖涛，冯忠垒，程胜．社会网络视角下资源型企业绿色行为的形成与扩散研究 [M]. 中国地质大学出版社，2017.

[64] 谢雄标，吴越，冯忠垒，郝祖涛．中国资源型企业绿色行为调查研究 [J]. 中国人口·资源与环境，2015，25（06）：5–11.

[65] 徐建中，邱尔卫．浅析绿色企业文化 [J]. 商业研究，2006（10）：205–208.

[66] 徐易伟，栾胜基．西部企业环境行为现状及改善途径研究 [J]. 环境保护，

2004（06）：50–53.

[67] 杨东宁，周长辉 . 企业环境绩效与经济绩效的动态关系模型 [J]. 中国工业经济，2004（04）：43–50.

[68] 杨发明，许庆瑞，吕燕 . 绿色技术创新能源研究 [J]. 科研管理，1997（03）：57–62.

[69] 杨发明，许庆瑞 . 企业绿色技术创新研究 [J]. 中国软科学，1998（03）：3–5.

[70] 杨静，施建军，李曼，刘健 . 绿色战略如何影响企业绩效——基于转型经济情境的研究 [J]. 科学学与科学技术管理，2013，34（07）：141–149.

[71] 曾萍，宋铁波 . 环境变动，企业战略反应与动态能力的形成演化：理论模型与命题 [J]. 华南理工大学学报（社会科学版），2013（03）：23–8.

[72] 张炳，毕军，袁增伟，等 . 企业环境行为：环境政策研究的微观视角 [J]. 中国人口资源与环境，2007，017（003）：40–44.

[73] 张东 . 生态文明视阈下企业绿色发展研究 [D]. 西南大学，2013.

[74] 张静进，黄宝荣，王毅，陈劭锋，李颖明 . 绿色技术扩散的典型商业模式、案例及启示 [J]. 工业技术经济，2015，34（02）：77–85.

[75] 钟晖，王建锋 . 建立绿色技术创新机制 [J]. 生态经济，2000（03）：41–44.

[76] 周曙东 ."两型社会"建设中企业环境行为及其激励机理研究 [D]. 中南大学，2012.

[77] 朱建峰，郁培丽，石俊国 . 绿色技术创新、环境绩效、经济绩效与政府奖惩关系研究——基于集成供应链视角 [J]. 预测，2015，34（05）：61–66.

[78] Al–Saleh Y，Mahroum S. A critical review of the interplay between policy instruments and business models: Greening the built environment a case in point [J].

Journal of Cleaner Production, 2015, 109 : 260–70.

[79] Amrutha V N, Geetha S N. A systematic review on green human resource management: Implications for social sustainability [J]. Journal of Cleaner Production, 2019, 247 : 119–131.

[80] Andersson L M, Bateman T S. Individual environmental initiative: Championing natural environmental issues in US business organizations [J]. The Academy of Management Journal, 2000, 43 (4): 548–570.

[81] Angela, Maria, Ruepert, et al. The relationship between Corporate Environmental Responsibility, employees' biospheric values and pro–environmental behaviour at work [J]. Journal of Environmental Psychology, 2017.

[82] Aragon–Correa J A, Sharma S. A contingent resource–based view of proactive corporate environmental strategy [J]. Academy of Management Review, 2003, 28 (1): 71–88.

[83] Arora S, Gangopadhyay S. Towards a Theoretical Model of Voluntary over–compliance [J]. Journal of Economics Behavior Organization, 1995 (28): 289–309.

[84] Bonifant B C, Arnold G, Long T. Gaining competitive advantage through environmental investment [J]. Business Horizon, 1995 (7–8): 37–47.

[85] Carroll A, Archie B. Three–Dimensional conceptual model of corporate performance [J]. The Academy of Management Review, 1979, 4 (4): 479–505.

[86] Chen Hui Chiao, Yang Chih Hao. Applying a multiple criteria decision–making approach to establishing green marketing audit criteria [J]. Journal of Cleaner

Production，2019，210.

[87] Christman P. Effects of "best practices" of environmental management on cost advantage: The role of complementary assets [J]. Academy of Management journal, 2000, 43 (4): 663-680.

[88] Cordano M, Scott Marshall R, Silverman M. How do small and medium enterprises go green? A study of environmental management programs in the US wine industry [J]. Journal of Business Ethics，2010（3）

[89] Daily B F，Bishop J W，Govindarajulu N. A conceptual model for organizational citizenship behavior directed toward the environment [J]. Business & Society, 2009, 48 (2): 243-256.

[90] Dangelico R M，Vocalelli D. "Green Marketing"：An analysis of definitions, strategy steps, and tools through a systematic review of the literature [J]. Journal of Cleaner Production, 2017，165（12）63-79.

[91] David L，Kennedy G J，McKeiver C. An empirical study of environmental awareness and practices in SMEs [J]. Journal of Business Ethics，2008，84：45-63.

[92] D Earnhart，Lizal L. Effects of ownership and financial status on corporate environmental performance [J]. CERGE-EI Working Papers，2002.

[93] Desrochers P. Cities and industrial symbiosis some historical perspectives and policy implications [J]. Journal of Industrial Ecology，2002，5（4）.

[94] Dey P K，Petridis N E，Petridis K，et al. Environmental management and corporate social responsibility practices of small and medium-sized enterprises [J].

Journal of Cleaner Production, 2018, 195 : 687–702.

[95] Downing P, Kimball J. Enforcing Pollution Control Laws in the United States [J]. Policy Studies Journal, 1982 (11) : 55–65.

[96] Drobny N L. Strategic environmental management–competitive solutions for the twenty–first century [J]. Cost Engineering, 1994, 36 (8) : 19–23.

[97] Flammer C. Corporate social responsibility and shareholder reaction: The environmental awareness of investors [J]. Academy of Management Journal, 2013, 56 (3) : 758–781.

[98] Foo P Y, Lee V H, Tan W H, et al. A gateway to realising sustainability performance via green supply chain management practices: A PLS–ANN approach [J]. Expert Systems with Applications, 2018, 107 (OCT.) : 1–14.

[99] Frondel M, Horbach J, Rennings K. End–of–pipe or cleaner production? An empirical comparison of environmental innovation decisions across OECD countries [J]. Business Strategy and the Environment, 2007, 16 (8) : 571–584.

[100] Gandhi S, Mangla S K, Kumar P, et al. Evaluating factors in implementation of successful green supply chain management using DEMATEL: A case study [J]. International Strategic Management Review, 2015, 3 (1–2) : 96–109.

[101] Graham D, Woods N. Making corporate self–regulation effective in developing countries [J] .World Development, MAY, 2006, 34 (5) : 868–883.

[102] Gottsman L, Kessler J. Smart screened investments: Environmentally screened equity funds that perform like conventional funds [J]. Journal of Investing, 1998, 7 (3) : 15–24.

[103] Henri J F, Journeault M. Eco-control: The influence of management control systems on environmental and economic performance [J]. Accounting, Organizations and Society, 2010, 35（1）: 63-80.

[104] Hitchens D, Clausen J, Trainor M, et al. Competitiveness, environmental performance and management of SMEs [J]. Greener Management International, 2003（44）: 44-57.

[105] Hussey D M, Eagan P D. Using structural equation modeling to test environmental performance in small and medium-sized manufacturers: Can SEM help SMEs? [J]. Journal of Cleaner Production, 2007, 15（4）: 303-312.

[106] Ikram M, Zhou P, Shah S a A, et al. Do environmental management systems help improve corporate sustainable development? Evidence from manufacturing companies in Pakistan [J]. Journal of Cleaner Production, 2019, 226 : 628-41.

[107] Jin W, Zhang H-q, Liu S-s, Zhang H-b. Technological innovation, environmental regulation, and green total factor efficiency of industrial water resources [J]. Journal of Cleaner Production, 2019, 211 : 61-69.

[108] Khashe S, Heydarian A, D Gerber, et al. Influence of LEED branding on building occupants' pro-environmental behavior [J]. building and Environment, 2015, 94.

[109] Klassen R D, Mclaughlin C P. The impact of environmental management on firm performance [J]. Management Science, 1996, 42（8）: 1199-1214.

[110] Kollmuss A, Agyeman J. Mind the gap: Why do people act environmentally and what are the barriers to pro-environmental behavior? [J]. Environmental

Education Research, 2002, 8 (3) : 239–260.

[111] Kouhizadeh M, Sarkis J. Blockchain practices, potentials, and perspectives in greening supply chains [J]. Sustainability, 2018, 10 (10) .

[112] Lee K H, Min B, Yook K H. Exploring the relationship between corporate environmental and economic performance: An empirical analysis of Japanese manufacturing firms [M]. Helsinki, Finland, 2012.

[113] Lee K H, Farzipoor Saen R. Measuring corporate sustainability management: A data envelopment analysis approach [J]. International Journal of Production Economics, 2012, 140 (1) : 219–26.

[114] Lee K, Juma C, Mathews J. Innovation capabilities for sustainable development in Africa [R]. WIDER Working Paper, 2014.

[115] Lee S Y, Rhee S K. The change in corporate environmental strategies: a longitudinal empirical study [J]. Management Decision, 2007, 45 (2) : 196–216.

[116] Lepoutre J, Heene A. Investigating the impact of firm size on small business social responsibility: A critical review [J]. Journal of Business Ethics, 2006, 67 (3) : 257–273.

[117] Li D, Zheng M, Cao C, et al. The impact of legitimacy pressure and corporate profitability on green innovation: Evidence from China top 100 [J]. Journal of Cleaner Production, 2017, 141 : 41–49.

[118] Li X, Du J, Long H. Green development behavior and performance of industrial enterprises based on grounded theory study: Evidence from China [J].

Sustainability, 2019, 11.

[119] Li X, Du J, Long H. Dynamic analysis of international green behavior from the perspective of the mapping knowledge domain [J]. Environmental Science and Pollution Research, 2019.

[120] Liu Y. Investigating external environmental pressure on firms and their behavior in Yangtze River Delta of China [J]. Journal of Cleaner Production, 2009, 17 (16): 1480–1486.

[121] Lopez–Gamero M D, Molina–Azorin J F, Claver–Cortes E. The potential of environmental regulation to change managerial perception, environmental management, competitiveness and financial performance [J]. Journal of Cleaner Production, 2010, 18 (10): 963–974.

[122] Luthra S, Garg D, Haleem A. The impacts of critical success factors for implementing green supply chain management towards sustainability: An empirical investigation of Indian automobile industry [J]. Journal of Cleaner Production, 2016, 121 (May10): 142–158.

[123] Magat Wesley A. Pollution control and technological advance: A dynamic model of the firm [J]. Journal of Environmental Economics and Management, 1978, 5 (1): 1–25.

[124] Miceli T J, Segerson K. Voluntary environmental agreements: Good or bad news for environmental protection [J]. Journal of Environmental Economics and Management, 1998 (36): 109–130.

[125] Moon S–G. Corporate environmental behaviors in voluntary programs: Does

timing matter? [J]. Social Science Quarterly, 2008, 89 (110) 2-20.

[126] Papagiannakis G, Lioukas S. Values, attitudes and perceptions of managers as predictors of corporate environmental responsiveness [J]. Journal of Environmental Management, 2012, 100 : 41-51.

[127] Potrich L, Cortimiglia M N, De Medeiros J F. A systematic literature review on firm-level proactive environmental management [J]. Journal of Environmental Management, 2019, 243 (AUG.1) : 273-286.

[128] Rapport D, Friend A. Towards a comprehensive framework for environmental statistics: A stress-response approach [J]. Statistics Canada 11-510, Ottawa, 1979.

[129] Reid L, Sutton P, Hunter C. Theorizing the meso level: The household as a crucible of pro-environmental behavior [J]. Progress in Human Geography, 2010, 132 (3) : 309-327.

[130] Robert, D, Klassen, et al. The impact of environmental management on firm performance [J]. Management Science, 1996, 42 (8) : 1199-1214.

[131] Robertson J L, Barling J. Greening organizations through leaders' influence on employees' pro-environmental behaviors [J]. Journal of Organizational Behavior, 2013, 34 (2) .

[132] Russo M V, Fouts P A, Fargher N, et al. A resource-based perspective on corporate environmental performance and profitability [J]. The Academy of Management Journal, 1997, 40 (3) .

[133] Sáez-Martínez F J, Díaz-García C, Gonzalez-Moreno A. Firm technological

trajectory as a driver of eco-innovation in young small and medium-sized enterprises [J]. Journal of Cleaner Production，2016，138 : 28-37.

[134] Sargentis G F，Ioannidis R，Karakatsanis G，et al. The development of the Athens water supply system and inferences for optimizing the scale of water infrastructures [J]. Sustainability，2019，11.

[135] Sarkis J，Adenso-Diaz B. Stakeholder pressure and the adoption of environmental practices : The mediating effect of training [J]. Journal of Operations Management，2010（28）: 163-176.

[136] Schaefer A，Harvey B. Stage models of corporate ‘ greening&rsquo: A critical evaluation [J]. Business Strategy & the Environment，1998，7（3）: 109: 23.

[137] Schwartz M S，Carroll A B. Corporate social responsibility: A three-domain approach [J]. Business Ethics Quarterly，2003，13（4）: 503-30.

[138] Scott W R. Organizations: Rational，natural and open systems [M] .（3rd）. New Jersey: Prentice-Hall，1992.

[139] Sharma S，Vredenburg H. Proactive corporate environmental strategy and the development of competitively valuable organizational capabilities [J]. Strategic Management Journal，1998，19（8）: 729-753.

[140] Stanwick P A，Stanwick S D. The relationship between corporate social performance and organization financial performance and environmental performanc : An empirical examination [J]. Jourhal of Business Ethics，1998(2): 95-204.

[141] Stead W, Stead J. An empirical investigation of sustainability strategy implementation in industrial organizations[J]. Research Corporate Social Performance Policy, 1995 (1), 43-66.

[142] Suganthi L. Examining the relationship between corporate social responsibility, performance, employees' pro-environmental behavior at work with green practices as mediator [J]. Journal of Cleaner Production, 2019, 232 (SEP.20): 739-750.

[143] Suryanto T, Haseeb M, Hartani N H. The correlates of developing green supply chain management practices: Firms level analysis in Malaysia [J]. International Journal of Supply Chain Management, 2018, 7 (5): 316-324.

[144] Theyel G. Management practices for environmental innovation and performance [J]. International Journal of Operations & Production Management, 2000, 20 (2): 249-266.

[145] Thornton D, Kagan R A, Gangnam N. Sources of corporate environmental performance [J]. California Management Review, 2003, 46 (1): 127.

[146] Tim Schiederig, Frank Tietze, Cornelius Herstatt. Green innovation in technology and innovation management: An exploratory literature review [J]. R&D Management, 2012, 42 (2).

[147] Wang C, Zhang Q, Zhang W. Corporate social responsibility, green supply chain management and firm performance: The moderating role of big-data analytics capability [J]. Research in Transportation Business and Management, 2020, 37 (9): 100557.

[148] Welch E W, Mori Y, Aoyagi-Usui M. Voluntary adoption of ISO14001 in Japan: mechanisms, stages and effects [J]. Business Strategy & the Environment, 2010, 11 (1): 43-62.

[149] Wood D. Corporate social performance revisited [J]. The Academy of Management Review, 1991, 16.

[150] Ziegler A, Schröder M, Rennings K. The effect of environmental and social performance on the stock performance of european corporations [J]. Environmental and Resource Economics, 2007, 37 (4).

[151] Zimon D, Madzik P, Sroufe R. The Influence of ISO9001 &amp ISO14001 on Sustainable Supply Chain Management in the Textile Industry [J]. Sustainability, 2020, 12 (10): 42-82.

后 记

企业是中国经济增长的引擎，也是推动经济和社会绿色转型的重要基础和中坚力量。提炼和总结企业绿色转型的模式特点，对于带动更多企业和行业实践绿色、低碳转型具有显著的示范效应。基于“气候领袖企业”项目中遴选出的先进、典型企业案例分析，本书从绿色管理体系创新、绿色技术创新、绿色产品和商业模式、绿色企业文化四个领域挖掘展现典型企业的绿色发展模式，并综合内外部动因分析其潜在的驱动因素。通过研究这些企业的先进经验，以期传播典型案例的成功经验和最佳实践，吸引企业、行业乃至全社会借鉴成功经验，加速行业转型升级，促进全社会共同探索绿色发展模式，从而实现积极应对气候变化，实现绿色低碳发展的目标。

感谢为本书提供案例研究的所有企业。在案例研究中，各企业为我们提供了丰富的基础资料和翔实的数据，在项目调研过程中，案例企业帮助我们提炼自身转型的关键要素。在此对本书中收录的所有企业表示衷心的感谢！

感谢北京理工大学管理与经济学院魏一鸣教授在研究过程中给予我们的悉心指导。魏老师的指导帮助我们开阔了学术视野，使我们对绿色转型理论和企业实践有了更深入的理解。

感谢美国能源基金会何平主任给予我们的指导和帮助。何主任对分析框架、企业遴选和写作细节都提出了详尽的指导意见，使我们受益匪浅。

在本书的写作过程中，北京理工大学管理与经济学院的研究生杜琛仪在课题研究、资料的收集整理等方面做了大量的工作，张贾雅雯、马俐等同学在资料收集、文稿校对等方面也付出了辛勤的劳动，感谢她们的辛苦和智慧！

本书的成稿过程中得到了安能翼科（北京）能源咨询发展中心谭清、李佳阳等几位同事的帮助，他们在案例企业遴选和本书的写作过程中多次参与分析框架、具体案例的研讨，协助我们收集整理资料，付出了大量辛苦的劳动，在此致以衷心的谢意！

本书系国家自然科学基金面上项目（项目批准号：71974013）和北京市自然科学基金面上项目（项目批准号：9192019）的研究成果，项目的资助为本书写作所需要开展的调研、资料收集等工作提供了充足的资金保障。本书还受到北京理工大学工商管理国家级一流本科专业建设项目资助。

笔者

2021 年 3 月